一場臺海戰爭的全景模擬

高允傑 著

決戰邊緣

The edge of decisive battle

| 戰爭不再只是軍人的事，而是全體國民的備戰課題 |
面對步步進逼的真實威脅，臺灣準備好了嗎？

目錄

序言 ………………………………………………………… 005

第一章　戰爭即政治的延續：臺海危機的戰略誕生 …… 009

第二章　意圖與信號：決策者的預備動作 ……………… 031

第三章　從邊境到前線：第一島鏈的戰略再定位 ……… 053

第四章　臨界點出現：模糊破局與戰爭催化劑 ………… 075

第五章　兩岸的動員體系與軍力前置部署 ……………… 099

第六章　經濟就是戰爭：資本鏈、半導體與能源風險 … 117

第七章　資訊戰的先鋒：認知與演算法之戰 …………… 133

第八章　社會系統的戰時壓力測試 ……………………… 151

第九章　戰爭開打：首波攻擊與登陸策略模擬 ………… 169

第十章　制空與制海的消耗戰 …………………………… 187

目錄

第十一章　城市成為戰場：臺灣本島作戰場景推演⋯⋯ 205

第十二章　國際介入與區域聯盟的戰略遲疑⋯⋯⋯⋯ 221

第十三章　中國慘勝模擬：贏得戰爭、輸掉國家⋯⋯ 237

第十四章　臺灣慘勝模擬：守住主權，失去繁榮⋯⋯ 251

第十五章　國際調停與和平協議的最後模擬⋯⋯⋯⋯ 265

後記　　勝敗之外，我們真正失去與必須守護的是什麼？ 283

序言

　　在歷史的長河中，戰爭從未遠離我們的世界。即使和平的表象時而堅固如磐石，底層的裂縫卻早已悄然蔓延，潛藏著衝突的陰影。本書正是在這樣的認知基礎上誕生。本書的核心假設很簡單，卻也令人不安：臺海衝突並非一場虛構劇碼，而是可能於明日凌晨發生的現實劇情。而我們所能做的，便是透過理性、全面且結構化的推演與模擬，洞悉這場「決戰」如何可能被引發、如何展開，乃至於如何收場。

　　本書並非戰爭愛好者的技術指南，也不為恐懼煽風點火。相反地，我們試圖構建的是一套戰略現實主義的分析框架，從地緣政治、軍事科技、社會心理、經濟結構乃至於文化敘事，逐章逐節拆解這場戰爭的可能樣貌。在每一節分析背後，皆有實際案例與歷史經驗支持，並結合最新的科技與區域安全趨勢，模擬出臺海戰爭的多重場景。

　　「決戰從來不是選擇，而是被推入的選項。」這句話是本書的警語，也是整體寫作的倫理起點。大多數國家並非主動尋戰，而是在長期誤解、錯誤信號與情勢失控中逐步滑向衝突邊緣。從1962年古巴飛彈危機的溝通迷宮，到2022年俄烏戰爭的邊界模糊，再到克里米亞與南海的灰色衝突樣態，歷史一次次證

序言

明，戰爭往往始於政治判斷的破裂，終於社會系統的崩潰。

因此，這本書的十五章節將依照戰爭進程進行全景模擬，從決策邏輯、信號錯置、軍事部署到資訊操作，從經濟制裁到社會崩潰，從城市戰到國際調停，逐步攤開每一個可能導致衝突升級或戰後失衡的關鍵節點。我們將不僅聚焦軍事層面，更重視戰爭如何改寫政治制度、如何摧毀經濟連結、如何重塑社會認同。

本書架構可視為三個層次的疊加與推演：首先是「戰前決策與戰略誤判的引爆點」，涵蓋第一至第四章，分析各方決策者的戰略心理與危機溝通破裂。其次為「戰時態勢的軍事與社會展開」，第五至第十一章將模擬戰爭的實際攻防場景與社會壓力鍊條；最後，第十二至第十五章則進入「戰後模擬與國際結構再編」的系統性探討，包含中國與臺灣的勝敗後果，以及全球治理對衝突的回應設計。

值得強調的是，本書在所有案例分析部分均以真實戰爭資料為根基，並轉譯為與臺海脈絡相符的應用模擬。從二戰諾曼第登陸到南海軍事化、從北愛爾蘭和平進程到以色列社會裂痕，這些不只是歷史，更是預演未來的工具。我們希望藉此提醒讀者：臺海戰爭不是一場冷冰冰的軍事對弈，而是將深刻撼動每一位臺灣人民生活、心靈與未來選擇的災難性轉折。

這本書的完成有賴許多戰略、軍事、社會學者的共同參與與辯證，並融合多領域的風險模擬方法。我們亦特別在撰寫過程中參考最新的人工智慧風險預測模型、政策模擬工具與跨國危機演習框架，力求讓本書不僅為學術參考，更成為政策對話、公共討論與社會教育的起點。

　　誠摯地希望，這本書不會因現實的爆發而成為「歷史證言」，而是能在和平仍可選擇之時，為我們共同的未來提供更多思考路徑與預防行動。

序言

第一章
戰爭即政治的延續：
臺海危機的戰略誕生

第一章　戰爭即政治的延續：臺海危機的戰略誕生

第一節　戰爭為何出現在和平的裂縫中？

歷史與戰略之間的裂縫：
和平其實是脆弱的權宜

在戰爭研究中，有一個關鍵的誤解經常出現在公眾與媒體敘事裡：那就是「和平」是一種穩定的常態。實際上，從克勞塞維茲的視角來看，和平往往只是一種暫時的、以暴力威脅為基礎的政治平衡。一旦這種平衡出現權力轉移、意圖扭曲或風險錯估，戰爭就會像地震般從裂縫中爆發。臺海正處於這樣一個脆弱且動態的裂縫之中。

回顧近三十年兩岸關係的演變，從「九二共識」到「一國兩制」，從「和平發展」到「軍事演訓」，臺灣與中國的互動早已超出傳統外交或貿易的範疇，進入戰略政治與軍事威懾的競逐場。2022 年美國聯邦眾議院議長裴洛西訪臺後，北京所進行的實彈演訓就是一種非傳統宣戰訊號 —— 不開第一槍，但進入了實質準戰爭狀態。

和平並不是一種制度性保障，而是一場場「冷熱混合」競逐中的暫時延宕。當軍事、經濟、認知三個面向的壓力點同時升溫時，戰爭並不需要正式宣告，而是在「戰而不宣」的模糊狀態中直接發生。

第一節　戰爭為何出現在和平的裂縫中？

地緣現實中的選擇困境：臺灣無法下車

從地緣政治來看，臺灣的困境並不在於它選不選擇戰爭，而是它無法退出戰略牌局。馬漢早在十九世紀便指出，控制海權即控制國際秩序，而臺灣正是這條海權弧線的中心點。中國要成為全球海權大國，必須突破第一島鏈；美日則視臺灣為西太平洋安全鍊的最後支點。這不是選擇問題，而是位置決定命運的現實。

對北京而言，臺灣代表著政權正當性的試金石、民族復興的最後拼圖，也是地緣戰略中的「缺口」。對華府而言，臺灣是其印太戰略的前哨，若失守，整個第一島鏈將面臨戰略癱瘓。正因為臺灣的戰略價值過於明確，使得「避免戰爭」變成了一個充滿幻想的目標。

當雙方無法在核心利益上讓步時，戰爭從來不是最後選項，而是一種預設的、按時間推進的路徑。

從軍事籌碼到戰略定錨：模糊政策的極限

長期以來，美國對臺政策在「戰略模糊」與「戰略清晰」之間搖擺不定，這一策略在冷戰後有效延遲了臺海爆發戰爭的時機。然而，隨著中國軍力現代化與美中競爭升溫，模糊政策開始出現結構性破口。尤其在 2020 年以後，美國對臺軍售品質與節奏皆大幅升級，加上印太司令部強化部署，戰略訊號逐漸轉

第一章　戰爭即政治的延續：臺海危機的戰略誕生

為明確：美國將視臺灣為實質同盟夥伴。

這種明確性對北京來說無疑是警訊，也成為其預設軍事介入時間表的推力之一。模糊政策不再能遮蔽雙方真正意圖，反而使風險累積無法釋放。

臺灣夾在兩強之間，不再只是政治角色，更成為軍事定錨點——誰先掌握、誰就主導區域秩序。在這樣的現實架構下，戰爭不是「若」，而是「何時」。

民意與戰略錯位：和平意願無法改變戰爭現實

根據多份民調顯示，絕大多數臺灣人希望維持現狀、反對戰爭，但這樣的民意無法真正在戰略層面創造安全。這正是「戰爭由上而下決定」的殘酷現實。從孫子兵法的觀點來看，「上兵伐謀」雖為上策，但當謀略與心理戰皆無法達成預期效果時，「攻城」就會成為必然手段。

北京的決策者並不會因臺灣的和平意願而收手，反而會將其視為「戰爭疲弱」的象徵——認為一旦軍事威懾加壓，臺灣可能在戰前即內部崩潰。因此，北京不只在軍事上進行預置，更在人心與信任系統上持續進行戰略滲透，從媒體、網路、經濟到基層政治。這是一場「尚未開打、已在進行」的隱性戰爭。

在戰略層次上，民意固然重要，但若缺乏制度性防衛與韌性建構，民意只能成為紙上的數據，而非抵禦戰爭的護城河。

結語：裂縫中的進行式

「戰爭並非突然來臨，而是緩慢逼近」——這句話不僅是警語，更是對現實的準確刻劃。當我們看見軍演、聽見飛彈聲、感受社群上的輿論操控時，戰爭早已從心理、經濟、資訊各面向滲透日常。和平不會自然發生，它必須透過主動建構與戰略堅持才能勉力維持。

然而，當各方對「和平」的定義與代價無法取得共識時，戰爭就成為逼近邊緣時唯一仍能執行的政治語言。克勞塞維茲的名言提醒我們，戰爭從來不孤立存在，而是現實政治失靈後的結果——這也是臺海目前最危險的真相。

第二節　領導人決策與國家意志的邊界

決策不只是意志，更是權力結構的總和

戰爭的發動從來不只是領導人單方面的意志投射，而是一整套制度、文化與結構性力量的交錯結果。斯韋欽曾指出，戰略家的首要任務，不是創造戰爭，而是辨識「戰爭的必然性是否已被逼近」。這裡的關鍵，就是辨識「誰能做決策」與「決策邊界在哪裡」。

以中國為例，雖然國家對外呈現出極高程度的「一元化決策

體系」,但實際上中國共產黨內部的權力動員與政治安全的制衡結構,讓習近平的每一次軍事布局,都需兼顧政權穩定、派系平衡與人民接受度。若戰爭無法在短期內取勝,將直接牽動體制的正當性與政權核心的穩固。因此,中國雖然「想戰」,卻不一定「能戰」或「敢戰」。

同樣地,在臺灣與美國,民主制度所賦予的決策彈性與透明度,並非無限制的戰略自由,而是受到民意、國會、盟邦關係與憲政制衡的限制。美國總統是否能在臺海衝突升溫時迅速派兵?答案很可能是「先要過一連串國內政治與國會授權的火線」。這些程序雖符合民主原則,卻也為緊急反應設下戰略遲滯的邊界。

戰爭決策不在於「想不想」,而在於「能不能」。領導人並非單純主導者,而是國家整體政治機制的演算法之一。這正是現代戰爭與古典戰爭的本質區別所在。

領導人的人格與決策風格:
理性與衝動之間的遊移

現代戰爭研究顯示,領導人的性格特質與風格對戰爭爆發機率具有不可忽視的影響力。根據哥倫比亞大學國際衝突心理研究(ICPR)提出的「決策壓力模型」,在危機情境下,領導人會更傾向依賴直覺反應、情緒記憶與個人信念,而非理性計算。

以習近平為例,他身兼中共中央總書記、國家主席與中央

第二節　領導人決策與國家意志的邊界

軍委主席於一身,權力集中使得其個人判斷成為中國是否發動戰爭的關鍵。但這樣的集中,也讓決策風險高度個人化:若他誤判國際局勢、低估臺灣防衛能力或高估軍隊執行力,將可能引爆一場超出預期的衝突。

回看歷史,1982 年英國首相柴契爾夫人在福克蘭戰爭中的強勢出兵,不僅來自對國際法的解釋,更源於其領導風格中的堅定與冒險傾向。反觀 1962 年甘迺迪處理古巴飛彈危機,則充分展現其慎重與多方徵詢意見的決策風格,成功避免全面核戰。

在臺海問題上,領導人的性格不只影響「是否開戰」,更會決定「開戰的方式」。是突襲?是分階段?還是等待對方先動手?這些戰略判斷背後,都藏著個人心理輪廓的投影。

國家意志的動員極限:
從「可忍」到「不能不戰」

現代戰爭不再是單一領袖的意志,而是國家意志的展現。問題在於:國家意志可以被「快速動員」嗎?還是會被「現代社會結構」所拖延?

中國雖具備黨國體系與媒體高度集中管理機制,能在短時間內塑造戰爭正當性,但現代中國社會已高度市場化與個人化,戰爭不再是一場能夠輕易被群體情緒綁定的「榮譽之戰」。一旦戰爭失利或拖延,人民對經濟衝擊與人力損失的反彈,將快速轉向政權本身。

第一章　戰爭即政治的延續：臺海危機的戰略誕生

臺灣則存在另一種困境。雖然社會長期民主化，自由開放，但也因此存在嚴重的「國家動員能力不足」。無論是後備軍力、全民防衛、災害應變系統、甚至媒體論述系統，皆存在大量「非戰時思維」的漏洞。這種情況下，即便政府想要推動「國家意志」，也可能面臨「社會集體不服從」的反作用。

國家意志能否真正「貫穿社會結構」，才是決策成功與否的根本。無論是對中國的集中動員，或臺灣的分散協調，皆顯示出現代國家在戰爭爆發前後，必須同步面對內部戰線的拉扯與社會認同的再動員。

危機決策的兩難：速度與準確性之爭

戰爭的決策往往不在完美的資料環境中產生，而是在極度壓力與不確定性下迅速做出。這也造成領導人在危機時刻，往往落入「速度優先」與「準確性優先」的取捨之中。

古巴飛彈危機中，甘迺迪選擇了「逐步升級」的策略，而非直接空襲，爭取時間與外交操作空間。這種作法在今天看來是成功的危機管理典範。然而在臺海危機中，這樣的緩衝空間可能不存在 —— 中國軍方若判定臺灣準備先手，可能傾向「快速壓制」；臺灣若發現異常徵兆，也可能被迫提前部署。美軍則面臨「立即介入」或「延後觀察」的多層抉擇。

此時，決策若基於錯誤的情報、過時的風險評估或不完全的國際回應預測，將可能一步踏進無法回頭的戰爭深淵。

「危機決策不是考慮最好的選擇,而是在最壞結果中找出代價最小的路徑。」這提醒我們:不管是誰做出決策,其風險從來不只限於戰場,還會在政治、經濟、社會三重層面激盪出後果難以預測的反作用。

結語:個人意志的盡頭,就是制度邊界

當我們討論臺海戰爭是否會爆發時,不能只看表層的「誰說了什麼」、「誰訪問了誰」,而是要回到更深層的結構問題:領導人是否真的能「做出那個決定」?國家體系是否「支撐得起這個決定」?

戰爭的起點往往是個人的意志,但走向與結果卻受限於制度的容許範圍。當決策與意志衝撞、國家與社會拉鋸時,我們所看到的「爆發」其實早已是壓力層層累積後的必然釋放。

戰爭從來不只是「一個人拍板」,而是「整個體制允許他拍板」的結果。臺海之間的緊繃,不僅取決於誰在權位上,更取決於這些制度、社會與軍事結構,是否正在一點一滴將那顆引信慢慢點燃。

第一章　戰爭即政治的延續：臺海危機的戰略誕生

第三節　地緣板塊移動中的臺灣角色

第一島鏈的關鍵樞紐：臺灣無法被旁觀

在地緣政治的座標系統中，臺灣位處西太平洋戰略鎖鏈的中段，其地理位置不只是「靠近中國」，而是連接南海、東海與太平洋的節點。從斯派克曼的「邊緣地帶理論」來看，控制邊緣地帶（Rimland）等於擁有主導全球權力的前哨，而臺灣正是這個理論的核心實踐場域。

無論是美國的「印太戰略」還是中國的「海洋強國構想」，都無法繞過臺灣。對美國而言，失去臺灣將意味著第一島鏈失守，美軍在日本、關島的基地暴露於中國的反介入系統（A2/AD）之下，太平洋制海權將被迫後撤至第二島鏈，嚴重削弱其在亞太地區的快速部署與反應能力。

對中國而言，臺灣是「戰略突破點」與「內海化夢想」的結合體。若臺灣落入其掌控，不僅可完全內化東海與南海為其勢力範圍，更可在不受干擾的情況下直接通達西太平洋，實現「藍水海軍」的作戰想像。因此，臺灣對雙方來說，皆非可有可無的邊緣存在，而是決定制海、制空與區域主導權的「絕對要地」。

這種地理宿命性，決定了臺灣無法選擇「退出戰略舞臺」，也無法主動「降低戰略價值」。當世界看向亞洲，臺灣就是那把左右平衡的戰略槓桿。

第三節　地緣板塊移動中的臺灣角色

航運動脈與海空通道：
控制臺灣就是控制區域經濟流

除了軍事意義外，臺灣還是全球航運與空域的關鍵中轉點。全球十大最繁忙航運路線中，有三條穿越臺灣東部或西南海域；其防空識別區（ADIZ）與國際空域重疊性極高，導致任何軍事部署與演訓都會立即影響全球飛航路線、貨運保險與能源運輸。

2022 年中國環臺軍演中，部分航線與商船被迫繞行，不僅讓保險成本飆升，更突顯「臺海風險」如何快速轉化為「全球供應鏈風險」。一旦臺灣陷入戰爭狀態，將可能導致馬六甲海峽—日本之間的最短航線中斷，南海與東海航運壓力激增。特別是臺灣高雄港、臺中港與基隆港的運輸能力對東亞海上貿易極為關鍵，一旦停擺，整個東亞供應系統將面臨骨幹斷裂。

此外，臺灣本身的空域是亞洲多條國際航線的必經之路。戰爭不僅是軍用飛行區的問題，更是民航系統的潛在崩解點。空域的爭奪與管制，會在數小時內導致全球航空路線被迫重畫，引發保險、票價、運輸時間與能源消耗的全面上升。

這種「地點引發的全球效應」，說明臺灣既是戰略島嶼，也是全球經濟的「中樞神經節點」。戰爭若在此爆發，後果將不僅止於臺海，而會觸發全球市場與國際制度的連鎖反應。

第一章　戰爭即政治的延續：臺海危機的戰略誕生

科技冷戰中的關鍵工廠：矽盾的兩面性

近年來，隨著半導體的重要性日益攀升，臺灣更被視為「科技冷戰」中的制高點。台積電（TSMC）作為全球最先進晶片的主要生產商，其地位並非單純企業，而是成為一種地緣科技槓桿工具。這種現象被稱為「矽盾」（Silicon Shield），意指：由於全球依賴臺灣晶片，因此任何攻擊臺灣都會產生巨大國際成本，使得敵人有所顧忌。

然而，這種「保護」其實也有其「詛咒」面。對中國來說，台積電與整個半導體產業是其「戰略挾持點」：若能掌控，不僅可突破美國禁令，還可在戰略供應鏈中取得主動權。對美國而言，則是「不得不保護」的戰略資產，因此對臺灣的保衛，也牽涉到科技供應鏈的持續與否。

而對臺灣本身而言，這樣的科技戰略地位固然帶來外交與安全的關注，但同時也加重了其被當作「目標」或「工具」的風險。戰爭若爆發，台積電的產能將中斷，全球電子產品、汽車、武器與通訊產業皆可能因而癱瘓。這種風險不容忽視，也讓臺灣的「戰略角色」更加複雜化：不只是被保護的對象，更是國際間爭奪與部署的核心棋子。

第三節　地緣板塊移動中的臺灣角色

地緣板塊的推擠效應：臺灣成為戰略緩衝帶

從大區域格局來看，美中之間的戰略競爭已進入「前線外推」的階段。東南亞、南亞、太平洋島國乃至北極航道，皆成為勢力角逐的新場域。在這種情況下，臺灣作為第一島鏈的「緩衝地帶」，其穩定與否直接決定了兩大強權是否爆發正面衝突。

若臺灣一旦失守，美國不但在東亞安全架構中喪失主動，還會遭遇其盟邦對其安全承諾的懷疑，進而動搖美國在印太地區的信任網絡。日本與南韓會重新考慮是否需擁有自主防衛力量，東協則可能選擇對中國進一步靠攏，造成區域秩序的全面轉向。

因此，維持臺灣的穩定不只是地區性問題，而是國際秩序再平衡的核心一環。臺灣的角色不只是「對抗的堡壘」，更是「穩定的樞紐」。唯有將其視為結構性關鍵，而非單純的民族或主權議題，國際社會才能理解臺灣問題的真正戰略重量。

結語：角色無法自選，戰略命運難逃

正如尼古拉斯‧斯皮克曼所說：「誰控制了邊緣地帶，誰就能控制世界的命脈。」臺灣身處這條命脈的正中央，並非自己選擇要站在哪一邊，而是地緣位置與全球價值鏈逼迫其成為戰略焦點。

第一章　戰爭即政治的延續：臺海危機的戰略誕生

　　不論是中國的南海擴張、美國的印太再平衡、還是全球科技供應鏈的重新部署，最終都將地圖上的目光拉回到這座島嶼。戰爭不一定會發生，但戰爭的條件早已在板塊推擠中成形。臺灣的角色，不是局外觀察者，而是歷史與地理共同指定的戰略關鍵。

第四節　安全兩難與軍事螺旋的起動點

安全兩難的悖論：保衛自己等於威脅對方

　　「安全兩難」（security dilemma）是國際關係理論中最根本卻最致命的戰略悖論：一國為了強化自我防衛而擴軍備戰，但這種行為在他國眼中卻極易被視為準備攻擊，從而引發連鎖性的軍事對抗。

　　這一概念由約翰·赫茲於 1950 年代提出，但在當今臺海情勢中尤為鮮明。臺灣近年強化防衛體系，包括美製 F-16V 戰機、遠程火箭、多項防空飛彈系統與非對稱作戰策略部署，原意在於強化自我生存能力；但中國方面卻將這解讀為「軍事挑釁」，甚至是「分裂意圖的實質表現」。反之亦然：中國於沿海部署彈道飛彈、擴增登陸艦與頻繁繞臺軍演，對其而言是「正常軍力發展」與「捍衛主權」的延伸，但對臺灣與區域國家來說，則無異於備戰訊號。

第四節　安全兩難與軍事螺旋的起動點

這種雙邊互視的不信任，使得任一防衛舉措都可能被曲解為敵意意圖，從而推動彼此進入軍備競賽的「螺旋升溫」。隨著每一次調兵演訓、每一項軍售合作、每一篇官媒措辭，都可能讓安全兩難升高至戰爭臨界點。

軍事螺旋的邏輯：從嚇阻到引戰的距離有多短？

冷戰時期的學者肯尼斯・華爾茲（Kenneth Waltz）強調，國際體系的無政府性結構促使各國必須自行確保生存，導致強權間的軍事競逐不易遏止。這種軍事螺旋在兩岸對峙中早已出現：

- 武器升級：臺灣取得海馬斯（HIMARS）火箭系統，中國隨即展開福建艦測試與常態性對臺實彈演訓。
- 演習疊加：中國繞臺軍演頻率自2020年起逐年攀升，臺灣與美國、日本進行聯合資訊交換與反登陸模擬操演，進一步引發中國東部戰區加大部署密度。
- 情報反制：雙方在網路攻防與衛星監測上進行非公開對抗，美國透過「星鏈」系統提供情資支援，臺灣啟用高速軍用頻寬，中國則增設人工智慧偵測系統，造成訊息戰風險同步上升。

這些動作原本皆屬防衛性質，卻因「缺乏透明」與「信任崩解」而形成螺旋式升高。當軍方越習慣「敵我判定機制」、政治層越倚賴軍事部署作為談判籌碼時，戰爭便不再是一種突發，而是一種漸進的制度性滑坡。

第一章　戰爭即政治的延續：臺海危機的戰略誕生

區域盟邦的多重疊影：安全聯盟或加劇風險？

臺海問題並非雙邊問題，更牽動美日同盟、澳洲安全架構與印太整體戰略布局。臺灣強化與美日之間的安全合作表面上是拉近盟友、強化嚇阻，但在中國戰略思維中卻被視為「準入北約化」的信號。

2023 年「美日臺安全對話」非官方會議中，針對中國軍事行動進行策略討論，引發中方外交部強烈抗議；隨後更在東海與南海同時展開大規模演訓。這顯示，中國不僅防範臺灣，也將其視為外力介入的登陸踏板。

而對於日本與澳洲等國家而言，是否表態、何時介入也充滿兩難：若過早公開支持臺灣，可能激化中國反應；若過晚表態，將失去地緣信用。這種「支持與引戰之間」的模糊地帶，進一步使整體區域安全情勢變得極度不穩定，讓軍事螺旋無法被有效中斷。

資訊戰與心理感知的催化作用

過去戰爭升溫的節奏取決於軍事行動本身，如今則由「資訊傳播速度」與「社群感知反應」主導。當演訓訊息、動員公告、軍機數據在短時間內被廣泛散播與解讀後，公眾情緒與政府壓力會快速升高，促使決策者難以後撤。

第四節　安全兩難與軍事螺旋的起動點

舉例而言，當中國戰機數量超過一定門檻進入臺灣防空識別區（ADIZ），臺灣媒體與網路即會出現「準戰爭」式的警報情緒；反之，若臺灣或美軍艦船穿越臺海，則中國輿論與網友情緒立即升高，要求「以牙還牙」。

這類快速動員的輿論反應，使得戰爭不再只取決於決策者的冷靜計算，而受到「心理螺旋」與「民意拉扯」的深刻影響，造成誤判與升級風險無限接近。

結語：從嚇阻到誤判的距離，可能只剩一次「擦槍走火」

當一個地區同時承受軍事升溫、外交緊張、情報超載與心理操作時，原本的「嚇阻平衡」極可能轉化為「攻擊偏誤」。赫茲的安全兩難悖論提醒我們：即使兩方都不想開戰，也可能因為彼此都想「防衛」而最終爆發戰爭。

在臺海，這樣的起動點並非遠在天邊，而是日常演訓、科技合作、新聞稿措辭甚至地圖標示裡的每一個小動作。一旦某次軍演出現突發狀況、飛彈偏離軌道、海空交會誤判開火，那麼整條軍事螺旋就會進入無法逆轉的失控加速期。

而這，將引出我們下一節的核心問題：是什麼事件，會成為真正點燃戰爭的導火線？

第五節　案例分析：
2022年俄烏戰爭的戰略教訓

戰爭的真實樣貌：不是閃電，而是拉鋸

2022年2月24日，俄羅斯對烏克蘭發動全面入侵，象徵著歐洲戰後秩序的崩解，也成為本世紀最具衝擊性的軍事衝突之一。普丁原以為這場戰爭將如2014年克里米亞行動般迅速完成，甚至期望在三天內攻占基輔、推翻澤倫斯基政權，然而，戰爭進程遠比想像中漫長而膠著。

這場戰爭的最大啟示，就是——戰爭不是純軍事對抗，而是戰略錯判的總和。俄羅斯錯估了三件事：

- 烏克蘭的抗戰意志與全民動員力；
- 北約與西方國家的支持深度；
- 國際輿論與資訊戰的反噬力量。

這三個錯估不僅拖慢了戰事，更讓俄羅斯自陷泥淖、經濟重創、地緣孤立。對臺灣而言，這是一面極具參照價值的鏡子。

領導人誤判：從政治豪賭走向軍事困局

普丁的決策，是典型的「領導人意志超越制度平衡」。他在獨裁權力架構下，將烏克蘭視為可以「低成本武統」的對象，誤

判其政治脆弱性與軍事防衛能量。他的行動並未獲得全面的情報支持或軍事高層質疑，而是基於對過往成功（如喬治亞、克里米亞）的「自我認知過度延伸」。

對照臺海局勢，習近平是否也可能面臨類似誤判？若中國內部迴響僅限於國安系統、未受反對聲音牽制，習近平可能也會基於鞏固權力、完成「中華民族偉大復興」等政治敘事，鋪排出「戰略賭注」。

此外，普丁決策的一大問題是「時間與節奏的想像偏差」。他設想的是短期衝擊達成長期成果，結果卻面臨時間拖延與戰略反噬的雙重折損。這對中國領導階層是一項警訊：若臺海戰事無法快速結束、反而陷入持久戰，政權與社會成本將遠超可控邊界。

安全兩難的極限：嚇阻變成開戰的觸媒

2021年底至2022年初，烏克蘭邊境已有十萬俄軍集結，西方國家頻繁警告入侵迫在眉睫。然而，雙方都未能有效解讀對方意圖，美方無法確定普丁是否真的會開戰，烏克蘭亦未全面動員，避免刺激局勢失控。

這一階段，正是一個「嚇阻對嚇阻」的僵局——雙方都希望靠軍事存在來壓制戰爭風險，卻在彼此反應中激發了戰爭條件的快速成熟。最終，戰爭由單一領導人的「意志斷定」所引爆。

這正是安全兩難在現實中的極限展現。對臺灣來說，若中國未來持續進行軍事演訓與兵力部署，而臺灣也因應部署飛彈、雷達、海防火力與空軍機動網絡，彼此在毫無對話管道的情況下，任何誤解或突發衝突都可能導致「嚇阻轉開戰」的失控轉換。

國際聯盟的實質作用：不出兵也能改變戰局

俄烏戰爭中，西方並未直接派兵，但透過軍援、制裁、情報支援與戰場戰術轉移支援，使烏克蘭能有效組織反攻與持久作戰。尤其是美國與歐洲對於「非對稱支援」策略的推進，如：

- 攜帶式防空飛彈（如標槍、星光）
- 即時戰場情報（ISR）
- 通訊網路重建支援（如星鏈系統）

這些行動雖非「軍事介入」，卻形成實質戰力轉移，使俄羅斯陷入戰線拉長、消耗超支的泥淖。對臺灣而言，這顯示即使美日不出兵，「代理支援」也能成為扭轉態勢的核心戰略。

然而，這也意味著中國必將在戰爭規劃中預設「美國將以科技與資訊形式介入」，因此可能主動以網路癱瘓、太空反衛星作戰、海底電纜截斷等方式進行「戰前制裁式突擊」，以破壞美臺間的支援鏈。

第五節　案例分析：2022 年俄烏戰爭的戰略教訓

結語：俄烏戰爭給臺灣的五大警訊

綜合 2022 年俄烏戰爭經驗，對臺海危機而言，應牢記以下五點：

1. 不要低估領導人「孤立決策」的風險

普丁能開戰，因為無人能阻止；若中國領導體系缺乏制衡機制，臺灣需預設其行動可能性，而非意圖。

2. 戰爭不會短，除非你準備得夠長

烏克蘭能撐住，是因為自 2014 年就開始準備。臺灣需強化長期防衛戰略，而非短期嚇阻心態。

3. 安全兩難無法用被動嚇阻解決

越防禦越引戰，唯有增加溝通管道與避免「誤判誤射」，才是破除螺旋的根本。

4. 資訊優勢將主導前期戰局

資訊網路的掌控、國際輿論的主導、攻擊時序的設計，將成為臺海開戰前的核心變數。

5. 即使國際不出兵，也可能重塑戰場

臺灣必須設計出可吸納「盟邦資源」的制度與節點，讓外力能有效進入、而非臨時搶救。

第一章　戰爭即政治的延續：臺海危機的戰略誕生

第二章
意圖與信號：決策者的預備動作

第二章　意圖與信號：決策者的預備動作

第一節　克里米亞模式會重演在臺灣嗎？

無聲攻擊的範式：從軍事占領到灰色行動

2014 年俄羅斯併吞克里米亞，並未透過傳統「宣戰」或全面軍事行動達成，而是以一種混合操作（hybrid operation）的形式進行。所謂「小綠人」——沒有軍階標識的武裝部隊、假公投、內部支持群體、資訊戰與心理戰的同步使用，打造出一場幾乎無需流血的地緣翻轉。

這樣的行動展示出當代戰爭的一種新邏輯：「非戰而戰」，不需大規模火力壓制，而以資訊操縱、社會撕裂與政治真空，讓目標區陷入無法自保的局勢。這正是哈特所稱的「間接戰略」（indirect approach）精髓。

對照臺灣，這樣的策略可能嗎？答案是：高度可行，且已在進行中。

灰色地帶作戰：從社會滲透到軍事前置

克里米亞事件後，北約與歐洲防衛研究機構將這種「模糊侵略」納入新的軍事安全定義中，稱為「灰色地帶衝突」（gray-zone conflict）。中國軍事與情報系統在近年逐步引入此概念，並於實務操作中加以擴展：

第一節　克里米亞模式會重演在臺灣嗎？

- 資訊控制與輿論操縱：中國對臺網路滲透、社群假帳號、媒體誘導與演算法操縱，已在選舉、疫情與社會議題中出現高強度滲透。
- 基層顛覆與政治代理人培植：臺灣基層政治、宗教系統、鄉鎮組織成為潛在滲透管道，部分特定團體或個人長期接受資助，培養潛在戰時協作人員。
- 港口與能源系統資料蒐集：透過企業合作或滲透行動，蒐集臺灣關鍵基礎設施的作業模式與脆弱點。
- 民兵化邊界部隊訓練：類似於「小綠人」的組織形式，可能透過漁船、工程公司或境外企業，預置作戰支點。

這些行為不易構成宣戰條件，但卻足以使臺灣陷入混亂，讓外部介入成為一場「無證據、無名義」的困難決策。

臺灣社會的裂縫：可能的「政治真空場」

克里米亞能迅速落入俄羅斯掌控，除了軍事操作，更關鍵的是烏克蘭當地親俄社群對基輔政府的不信任與疏離。這一社會裂縫讓俄方可以「以保護少數族群為名」迅速介入，製造出「內戰化」的模糊敘事。

臺灣的多元與開放，雖是民主優勢，但也成為資訊操作與社會分化的溫床。一旦中國透過假訊息、大外宣、商業利益或特定宗教系統進行社會動員，並伴隨少數政治人物配合「對話主

張」或「戰爭恐懼論」,將可能在戰前製造出「政治真空區」——即便軍事尚未動手,社會自我癱瘓、政府無法有效統合資源。

這種心理與制度雙層瓦解,是臺灣現行防衛計畫最難防範的部分。克里米亞的重演,不需登陸軍、不需戰機起飛,只需要讓「對手的內部自我分裂」。

國際反應的遲滯性:模糊化是最佳掩護

2014 年克里米亞事件發生後,西方各國反應並未即刻形成一致行動,主要因為:

- 俄羅斯宣稱「當地人民自決」,打模糊牌;
- 軍事部隊無軍徽、不穿制服,難以定義為正規侵略;
- 歐洲多國依賴俄羅斯能源,制裁代價高昂。

這三個因素讓俄羅斯取得了時間優勢。對中國而言,若未來對臺進行「克里米亞式前置操作」,亦可能依樣畫葫蘆:

- 宣稱只是「保護在臺中國公民」;
- 以演訓為名部署軍力;
- 配合「臺灣內部群眾要求和平統一」的社會輿論營造。

在這樣的模糊操作下,美日將面臨「介入無名義」與「等待明確攻擊」的兩難,從而無法迅速採取行動。這正是模糊戰爭的真正勝利條件——讓對手遲疑到錯過最佳應變時間。

結語：臺灣能否抵擋克里米亞模式？

對臺灣而言，避免重演克里米亞的前提，不在於有多少飛彈或戰機，而在於：

1. 建立全民資訊識讀與防滲透體系

包括媒體事實查核、公民教育與跨部門資訊回應機制。

2. 預設「非軍事戰爭狀況」的應變 SOP

如突發政治真空、社會動亂、假訊息大規模流竄時的法治與軍事應變條件。

3. 強化國際合作與事前溝通平臺

確保一旦出現模糊戰爭徵兆，盟邦可同步理解現況並形成初步反應架構。

4. 強化社會韌性與地方自治體系協作

臺灣的防衛不能僅靠中央政府，而需建立從地方政府、醫療系統、基層公所到民間組織的「網狀抗體」。

唯有意識到戰爭可能來自「看不見的方式」，臺灣才能真正防止克里米亞的故事在東亞重演。

第二章　意圖與信號：決策者的預備動作

第二節　臺灣全民防衛體制的瓶頸與補強

現行體制的歷史演化與架構概觀

臺灣的全民防衛體系，早期深受冷戰時期的「總體戰」思想影響，強調全民皆兵與縣市層級的動員指揮體制。當時通過《動員戡亂時期臨時條款》授予政府動員權，並配合《國防法》、《全民防衛動員準備法》建立兵力、物資、醫療與行政支援網絡。

隨著民主化進程推進，臺灣自 2000 年代起逐步裁撤戰時政軍體系，動員指揮權轉為文人政府中央統籌，地方層級則歸內政部主導，但軍警協同鏈條被大幅簡化。

至今，臺灣全民防衛制度主要由以下幾個面向構成：

- 常備兵力與後備系統（由國防部負責）；
- 地方防災與治安支援（由內政部與地方政府主導）；
- 物資、能源、交通與醫療支援動員（由行政院所轄各部會主責）；
- 戰時民眾疏散與心理防護（由國防部、衛福部、教育部等分工執行）。

然而，這個體系面對現代戰爭樣態與兩岸衝突的新變化，已明顯出現多層瓶頸，導致在真實戰爭情境下不具備即時應變的機能。

第二節　臺灣全民防衛體制的瓶頸與補強

關鍵瓶頸一：後備戰力制度與訓練不足

自 2000 年代起，臺灣逐步推行募兵制，常備兵力規模縮減至 18 萬人以下，使後備系統成為全民防衛的主體。然而，過去的後備兵役制度存在以下問題：

- 後備兵役役期極短，多數僅 4～5 個月；
- 年度召集訓練僅 5～7 天，訓練科目偏向基礎操課，缺乏城市作戰、反特戰應用；
- 軍種間訓練與實戰地形無法對接，難以形成有效防衛節點協同。

為強化後備戰力，國防部自 2021 年起推動「提升後備戰力專案」，並於 2022 年重新提出「全民防衛動員署」改制，將後備指揮部納入該署統籌，實現「常後一體、後備動員合一、跨部會合作」的目標。

2025 年起，14 天新制教召全面實施，取代舊制的 5～7 天教召。新制教召課程內容包括實彈射擊、戰鬥教練、城鎮戰訓練、戰傷救護等，強調實戰化訓練。此外，後備部隊依任務導向區分為灘岸守備、縱深及城鎮守備、重要目標防護等類型，並與常備部隊共同構成「拘打配合、灘岸殲敵」的關鍵戰力。

然而，後備體系在武器支援、交通調度與聯合指揮等方面仍缺乏具體法源，且與民防系統未有效銜接，使得整體動員仍停留在「點狀集結」階段，缺乏「區域持續作戰」的能量。

第二章　意圖與信號：決策者的預備動作

關鍵瓶頸二：民防制度與基層動員體系斷裂

民防組織原為戰時地方協防主體，編列於各鄉鎮市區，但近年因和平時期主責災防，其戰時職能與兵役制度脫鉤、與警政系統銜接不清。

具體問題包括：

- 民防團編制人力不足，實質演訓流於形式；
- 戰時功能定位模糊，未明確區分「戰場協勤」、「後送支援」、「通訊轉接」角色；
- 資訊不對稱，地方政府未參與國軍年度動員演練，導致實際聯絡困難；
- 跨縣市區域聯防體系缺乏標準操作程序（SOP）。

例如：若解放軍攻擊北部都會區而非登陸西部沿岸，民防系統是否能有效指引疏散、維持警消基礎作業、協助傷患後送？目前並無統一演練與法定責任區分。

這種「平時災防導向、戰時缺位」的民防轉換困境，將嚴重影響全民防衛體系的整合性。

關鍵瓶頸三：物資、能源、醫療與資訊基礎設施動員協同不足

現代戰爭不僅限於軍隊與戰場，更包含：

第二節　臺灣全民防衛體制的瓶頸與補強

- 醫療體系是否能持續處理大量創傷與精神壓力？
- 交通系統是否能避免癱瘓、讓後備兵力快速調度？
- 通訊基礎設施是否具備抗斷裂與替代網路？

目前臺灣相關部會多以自然災害為模擬對象，如地震、颱風、疫情等，尚未建立：

- 針對「戰時多點飛彈襲擊」情境的跨部門分流預案；
- 戰時能源（油電氣）備援方案與私營業者協調框架；
- 衛福部整合全民健保醫療體系成「戰時後送與精神支援」模組的作戰化預案。

此外，資訊安全部分，雖已推動關鍵基礎設施資安法，但仍以駭客入侵與詐騙為核心，對「戰時大規模假訊息」、「通訊斷網」、「網域名稱劫持」等戰略等級攻擊的韌性設計尚未完善。

補強方向一：
由「法源」與「資源」同步啟動整體改革

臺灣目前全民防衛最核心問題，不在於「無人願意應戰」，而在於制度設計過於分散、法源授權不足、資源分配無整體思維。

建議重點補強如下：

- 立法面：修訂《全民防衛動員準備法》，加入戰時民防轉換流程、指揮權交接機制；

- 預算面：建立「全民防衛專項預算」，比照災防基金，供民間設施轉軍用、備援醫療網建立等用途；
- 人力面：推動「在地防衛志願編制」，結合退役軍警與社會志工資源，建立區域聯防隊伍；
- 訓練面：將民防與後備召集整合為「防衛總體演練」，每年區域性進行實兵、通訊與物資聯合演練；
- 教育面：建立全民防衛教育模組，納入高中、職場與社區教育，改變「軍事由專業人員負責」的觀念。

這些改革並非要軍事化社會，而是建立國家在災難或戰爭時的「社會持續運作能量」。

結語：全民防衛不是軍事延伸，而是國家存續能力的展現

臺灣面對的是一個可能於 72 小時內癱瘓資訊、封鎖港口、破壞交通、切斷通訊的戰爭威脅。在這樣的戰略壓力下，軍事反應只是第一線，真正能支撐國家存續的是全民防衛體系的完整度與運作效率。

全民防衛的關鍵不只是全民皆兵，更是：

- 全域指揮明確；
- 全層資源整合；
- 全時狀況應對；

- 全民參與準備。

若無這套系統，當戰爭來臨時，前線還未失守，後方已崩潰。

我們無法選擇戰爭是否發生，但可以決定臺灣能否在戰爭發生後繼續存在、持續防衛、保有統一的國民意志。

第三節　戰略模糊與紅線拉鋸的雙方試探

模糊的戰略，明確的誤會：政策設計的雙刃劍

自 1979 年《臺灣關係法》通過以來，美國對臺政策始終維持「戰略模糊」(strategic ambiguity) 立場：不明言會否軍事保衛臺灣，但也不排除任何選項。這種曖昧設計，旨在同時嚇阻中國武力犯臺與避免臺灣單方面宣告獨立。

然而，進入 21 世紀第三個十年，「戰略模糊」開始面臨三重考驗：

- 中國軍事能力提升：中國已不再只是潛在威脅，而是實質可跨海作戰的區域強權；
- 臺灣民主深化與主體認同強化：越來越多臺灣民意拒絕與「中國一體論」掛鉤；

第二章　意圖與信號：決策者的預備動作

- 美中戰略對抗全面化：「模糊」的空間逐步被地緣現實壓縮，美國在實質行動上越來越「清晰」。

這種模糊與清晰之間的落差，產生一種戰略張力：雙方都認為對方在測試底線，而每一次測試，都是一次更接近邊緣的危機風險。

紅線政治的邏輯：一旦畫出，就難以擦掉

「紅線」(red line) 在國際政治中常被用來代表某方無法容忍的極限行為。一旦越線，將被視為開戰或報復的正當理由。

中國對臺灣的紅線歷來有三項主軸：

- 臺灣宣布法理獨立；
- 外國軍隊進駐臺灣；
- 與中國主權不可分割原則公開背離。

而美國則對中國的紅線反向設置：

- 不可單方面改變臺海現狀；
- 不可武力威脅臺灣人民；
- 不可阻斷臺灣與其他民主國家的互動。

這就導致一個結構性危機：雙方紅線高度重疊、但又無共識解釋。當某一方強化行動時，另一方就視為挑釁與越界，進而回應升高——這正是危機螺旋的生成路徑。

第三節　戰略模糊與紅線拉鋸的雙方試探

例如：美國國會議員訪臺被北京視為越界，美方則視為民主互動自由；中國海空軍大規模繞臺被美國視為威脅升高，北京則聲稱是對「美臺勾連」的回應。這種認知落差無法透過傳統外交修補，因為雙方都認為「是對方先破壞平衡」。

試探即是進攻的前奏：軍事動態下的訊號解讀困境

紅線政治最危險的地方在於：它不是防線，而是行動誘因。在臺海危機演化中，軍事行動本身逐漸變成訊號傳遞的方式。例如：

- 解放軍進入臺灣防空識別區（ADIZ），代表對某次政治互動（如美國軍艦訪問）之回應；
- 美軍航空母艦進入南海或巴士海峽航道，象徵嚇阻與保護意圖；
- 臺灣國軍強化海防與導彈部署，象徵強化抵抗意志。

問題是，這些行動都不是靜態防守，而是可解釋為「準備進攻」的部署。戰略模糊的年代還可容忍這種模糊動作，但在高壓時代，每一次行動都可能被過度解讀、甚至誤認為開戰信號。

根據謝林的「戰略傳訊理論」，在紅線與模糊訊號混合的戰略場上，最容易誤判的不是敵意，而是意圖的真偽與強度。一旦誤判產生，危機的邊界即轉為實戰起點。

第二章　意圖與信號：決策者的預備動作

臺灣的處境：
既在紅線中心，又在訊號矛盾交叉處

臺灣所處的位置，不只是戰略地理的交會點，更是戰略訊號的焦點交疊區。這使得臺灣面臨以下三項結構性困境：

- 訊號輸出不足：臺灣在國際訊號傳播中的主動性弱，多數反應被動且缺乏清晰連貫的戰略溝通策略；
- 政治與軍事節奏不一致：政策部門欲維持和平與國內穩定，但軍事系統在敵情判斷上已進入高戒備，兩者往往難以協調；
- 國內輿論對紅線認知混亂：民眾對何謂「挑釁」、何謂「防衛」存在高度認知差異，也讓政府在傳遞訊號時顧慮過多。

當國內對外傳遞的訊號不一致、無力、且易被敵方操作與反解讀時，臺灣容易被中美雙方作為「訊號測試場」，而不是主權意志的主體。

結語：模糊中的清晰危機

戰略模糊，原是冷戰時期的平衡術，但當雙方都開始在模糊中劃下紅線時，戰略模糊便轉化為戰略幻覺。正如湯瑪斯·謝林指出，若你無法明確告訴對方「什麼不能做」，對方終將去試探那條線。

臺海的戰略現實正逐步進入這種「線上試探－線下升溫－線內衝突」的惡性循環，而在這之中，最危險的不是大規模軍事衝突，而是一次不被理解的訊號，一場誤讀的部署，一句無法收回的表態。

這種危機，無需宣戰，只需誤解。未來的戰爭，或許就將從模糊中的一條紅線開始。

第四節　美國、日本、東協：誰將先鬆口？

聯盟的虛實之間：從結盟到各自為政的距離

在冷戰後形成的亞太安全架構中，美國雖未正式與臺灣締結軍事同盟，卻透過《臺灣關係法》與《印太戰略報告》，為臺灣提供了政治、軍售與戰略模糊的保護框架。然而，這樣的關係在真正的戰爭陰影下，面臨著嚴峻考驗。

摩根索曾指出，聯盟的真實效力來自於「共享風險的共識」，而非條約文字本身。換言之，當戰爭風險逼近，聯盟的成員是否仍願意承擔相對風險，才是關鍵指標。

在臺海危機的情境下，三個角色顯得至關重要：

- 美國作為戰略主導者；
- 日本作為地理臨近者與法理關聯者；

- 東協作為區域維穩倡議者與經濟依存者。

這三方將決定未來區域衝突是否「升級為多邊戰爭」，還是「逐漸被限縮為雙邊衝突」。

美國的戰略遲疑：從絕對主導到相對回應

美國在臺海衝突中的角色極為關鍵，既是安全保證者，也是區域平衡的象徵。然而，歷史上美國對於盟邦遭受威脅的回應，常出現以下三個模式：

- 絕對介入型：如韓戰、科索沃戰爭，美國主動出兵主導戰場；
- 相對支援型：如以色列戰事，美國不出兵但提供全面軍援；
- 象徵表態型：如喬治亞戰爭，美國高調譴責卻實際觀望。

那麼，臺灣會被放在哪一種？取決於三個要素：

- 是否已有美軍人員在臺遭受攻擊；
- 是否已有明確證據顯示中國意圖改變現狀；
- 美國國內政治是否處於選舉或政黨轉換週期。

以 2022 年俄烏戰爭為例，拜登政府在未出兵的情況下進行強烈軍援與制裁支持，但拒絕設置「禁飛區」或進一步軍事介入，顯示其核心邏輯是避免直接與大國正面交鋒。

第四節　美國、日本、東協：誰將先鬆口？

同樣的邏輯可能出現在臺海 —— 除非中國行動過於明確且粗暴，否則美國的第一反應可能仍然是觀察與封鎖，而非直接派兵參戰。

日本的地緣關鍵與憲法包袱

日本在臺海問題中角色異常微妙。一方面，日本在地理上極度靠近臺灣，其與臺灣最短距離不到 150 公里，且自衛隊基地廣泛分布於琉球群島與九州地區，一旦臺海開戰，日本勢必成為第一線承受國。

另一方面，日本憲法第九條明定「放棄戰爭」與「不擁有交戰權」，即便在安倍政府後期修法強化防衛範圍，仍無法輕易出兵支援第三國。

在這種背景下，日本可能出現「高調聲援、低調部署」的策略模式：

- 公開聲援臺灣，強調自由航行權與區域穩定；
- 與美軍協調基地使用與情報共享，但不直接參與攻防；
- 維持自衛權為核心，不主動攻擊中國部隊。

然而，若中國在開戰初期即對沖繩基地或周邊水域進行威脅行為，日本將被迫重新定義「集體自衛權」的適用範圍。此時，其是否「鬆口」，可能成為東亞局勢的關鍵變數。

第二章　意圖與信號：決策者的預備動作

東協的務實選擇：聲明有聲、行動無力

東協十國在臺海議題上始終維持高度謹慎，主要原因如下：

- 成員立場分歧：如越南與中國有海權衝突，而柬埔寨與寮國則與中國高度經濟綁定；
- 經濟依賴中國市場：中國為東協最大貿易夥伴，一旦表態過深，可能引發貿易報復；
- 區域主義優先於價值聯盟：東協強調「不干涉內政」原則，避免觸及中美對抗核心。

因此，臺海衝突若升級，東協極可能成為第一個公開「呼籲克制」、「推動調解」、「呼籲停火」的區域力量。這種政治姿態雖顯和平，實際上卻象徵著戰略抽身與模糊選邊──對中國而言是默許，對臺灣而言是失望。

誰會先鬆口？取決於三個變數

若戰事逼近或開打，誰會是最早改變態度、從支持防衛走向調解觀望？答案不在「誰最強」，而在以下三個關鍵變數：

- 是否被攻擊直接波及：若日本遭遇飛彈威脅，反而更可能強化支援；若東協被排除在攻防之外，則更可能尋求抽身；
- 國內政治承受力：如美國在選舉期間，將更不願進行直接軍事行動；東協國家則擔心戰爭對經濟影響；

- 資訊戰與輿論主導權：若中國成功塑造「是臺灣挑釁導致戰爭」的敘事，盟邦民意將壓縮政府行動空間。

因此，美國可能最晚鬆口但最早準備替代方案；日本可能最激烈表態但最受法律約束；而東協，則可能最早尋求中立與退場。

結語：聯盟的試煉，不在戰後，而在戰前

戰爭一旦爆發，軍事力量雖重要，但真正決定戰局的，是「誰還站在你身邊」。聯盟的測試，不是等到槍響，而是在還未開槍時，誰願意承擔風險、誰選擇模糊退場。

臺海衝突的最大風險，不是中國單方面行動，而是當行動發生時，原本承諾共同面對的盟邦，紛紛以「克制」、「和平」、「對話」為名，實質選擇自保。那麼，戰略孤立的現實，將讓第一島鏈的防線，在道義聲援與軍事真空之間崩塌。

第五節　案例分析：1962 年古巴飛彈危機中的決策迷霧

全球最接近核戰的十三天：危機緣起與決策核心

1962 年 10 月，美國偵察機發現蘇聯在古巴部署具核打擊能力的中程彈道飛彈，這使甘迺迪總統面臨冷戰最嚴峻的戰略壓力。

蘇聯此舉的動機包含平衡美國在土耳其的導彈優勢、保護古巴盟友卡斯楚政權，並在心理與戰術層面上反制美國的圍堵策略。

甘迺迪召集國安會緊急工作小組（ExComm），展開激烈辯論，選項包含直接空襲、海上封鎖或外交途徑。在冷戰核威懾理論壓力下，甘迺迪最終選擇「海上封鎖」（quarantine），作為非直接軍事對抗的過渡性手段。

這個選擇既顯示出他對核戰風險的清醒認識，也展現出領導人能否在壓力中設計「延緩升高」機制的決策能力。從臺海角度來看，這樣的行動邏輯顯示領導人如何在模糊訊號中為自己與對手爭取喘息空間，而非將每次軍事部署視為開戰號角。

訊號傳遞與紅線模糊：雙方如何避免誤判

古巴飛彈危機的核心在於訊號解讀，而非軍力對比。甘迺迪設下封鎖，是給蘇聯一個選擇：若繼續運送武器，等同挑釁；若中止行動，則代表願意對話。赫魯雪夫回應的方式則是透過雙軌訊息——一封溫和、具條件的撤兵信件，與一封態度強硬的反制聲明。

甘迺迪巧妙選擇「只回應第一封信」的策略，成功引導訊號走向緩和。他沒有公開回應強硬言辭，也沒有逼迫蘇聯當場讓步，而是創造下臺階。

這樣的訊號管理機制，正是臺海當前最匱乏的能力。中美雙

第五節　案例分析：1962年古巴飛彈危機中的決策迷霧

方在臺灣議題上皆存在多條紅線——主權、軍售、軍事合作、政治承認，但各自解讀不一。若缺乏如古巴時期的「控制節奏機制」，這些紅線極易被過度詮釋、導致戰爭升高。

情報充足但行動錯判：制度與判斷的落差

美國擁有全面情報——從U-2照片、CIA報告、古巴當地監視網絡皆提供具體證據，但為何仍陷入決策困境？根本問題在於：情報能指出事實，卻無法預測對手的反應。

赫魯雪夫當時未預料美國會將核威脅視為生存危機；同樣，甘迺迪亦未判斷蘇聯是否願為古巴冒核戰之險。這些「不確定性」讓兩國陷入策略博弈的僵局，而非純軍事對抗。

對照臺灣現況，無論是國安局、國防部或盟邦情報機構，皆可能在軍演與動員前取得衛星、雷達、電子訊號等指標，但若政府在判斷意圖上出現政治遲疑（如選舉考量、國際壓力）就會讓反應節奏脫軌。

這再次提醒我們：情報體系與決策機構的斷層，才是戰爭真正的引爆點。

聯盟的模糊與選邊遲疑：盟國角色的尷尬位置

在古巴危機中，美國在北約中的盟邦並非一致支持。法國表現冷淡，英國支持但希望避免升高，反映出盟邦對核戰風險

的分裂反應。美國因此選擇單邊主導,將封鎖區限縮於自定範圍內,避免盟國被迫表態。

同樣情境下,一旦臺海爆發衝突,日本、澳洲、韓國、甚至菲律賓,會面臨是否提供基地、情報、後勤或直接軍事協助的抉擇。各國基於憲法、內政、對中依賴程度不同,反應將高度分化。

古巴案例告訴我們:真正戰爭臨界點,不是軍事對抗,而是當盟邦無法就戰略一致性取得共識時,主戰國會選擇單獨進行,而此舉即為升高之始。

結語:古巴的今天,會是臺海的明天嗎?

古巴飛彈危機是一場現代戰略管理的經典教科書。它不只講述如何避免核戰,更告訴我們:領導人是否有能力控制節奏、理解訊號、管理盟友、與時間賽跑,是危機能否避免走向災難的關鍵。

今日的臺海,正如 1962 年的加勒比海。空域緊張、海域軍演、紅線多重交錯、資訊戰與政治內壓同步運作。唯一缺的,不是衝突條件,而是一場能夠被即時制動的「訊號交錯管理體系」。

甘迺迪與赫魯雪夫的冷靜交換,讓世界在核戰門口轉身離去。當今世界,需要另一套能在「擦槍之前」發出訊號、接收訊號、回應訊號的理性系統。

臺海不該是古巴的倒影,但它很可能是。

第三章
從邊境到前線：
第一島鏈的戰略再定位

第三章　從邊境到前線：第一島鏈的戰略再定位

第一節　馬漢與海權在臺海的重生

海權理論的回歸：從歷史經典走入現代戰場

在十九世紀末，馬漢的《海權對歷史的影響》提出了一個革命性的觀點：一個國家的全球影響力並不單靠陸地面積或人口，而取決於其掌握海洋的能力。海權理論隨即成為英國、德國、日本、美國等強權構建帝國戰略的核心思想。馬漢強調，制海權的關鍵不在於打贏一場海戰，而是控制海上交通節點與全球貿易航道，確保補給與經濟持續運作。

進入二十一世紀，這套理論不但未過時，反而以更新的形式在亞太地區復甦。中國作為後起之秀，試圖挑戰由美國主導的海上秩序，而臺灣，這個位處第一島鏈心臟地帶的島國，再次站上全球海權對抗的中心。馬漢筆下的「樞紐性島嶼」，正是現代臺灣的真實寫照。

馬漢認為「海權強國的成功有賴於良好港口、強大海軍與戰略地理位置」。這三項條件，臺灣皆具備或連結，卻也因此成為兵家必爭之地。當中國試圖藉由突破島鏈擴展其戰略縱深，美國則透過強化區域聯盟封鎖這一擴張路徑，臺灣便自然落入了雙重壓力與戰略價值的十字交叉點。

第一節　馬漢與海權在臺海的重生

第一島鏈的重生：地緣壓力下的戰略升級

第一島鏈的概念源自冷戰時期，由美國戰略學者喬治·凱南提出，目的在於以島鏈封鎖蘇聯與中國對太平洋的直接進入。它由日本列島、琉球群島、臺灣、菲律賓至馬來半島構成，是美國亞太戰略部署的第一道防線。

冷戰結束後，第一島鏈一度被認為已失去功能。然而，隨著中國在南海造島、東海挑戰釣魚臺主權、在臺灣海峽頻繁進行軍演，第一島鏈的重要性重新被定義為「戰略封鎖帶」。特別是臺灣，其地理位置不僅可截斷解放軍潛艦與航母進入西太平洋，亦是美日澳同盟情報整合與快速反應的節點。

馬漢式的海權思想，在這個島鏈中再次被活用：誰能控制這條鏈條的節點，誰就能對整個西太平洋擁有行動主導權。而臺灣，就是鏈條中最脆弱卻也最關鍵的一環。一旦臺灣被中共實質控制，島鏈即遭切斷，美國在西太平洋的空海優勢將大幅削弱，日本、菲律賓的戰略縱深亦將全面後退。

臺灣的地理宿命：從天然堡壘到爭奪焦點

馬漢強調地理位置是一國海權興衰的核心要素。臺灣四面環海，東臨西太平洋深海水域，西臨淺水臺灣海峽，北接沖繩海域、南望南海要道，是典型的「前線控制島嶼」。

臺灣控制的巴士海峽，是中國潛艦進入太平洋的必要通道；

第三章　從邊境到前線：第一島鏈的戰略再定位

臺灣東部海域具備深海特性，是戰略潛艦最適合部署與隱蔽的位置；而其西側的臺灣海峽則是中共登陸行動必須穿越的天然屏障，具備顯著反登陸戰術優勢。

臺灣不僅是中國的戰略缺口，更是美國聯盟網的作戰橋梁。從馬漢視角，臺灣完全符合「戰略樞紐」定義：它既是交通節點、又可作為海軍行動平臺，其存在足以改變整個海權秩序的力量對比。因此，無論是中共武統的必要性，還是美國防衛臺灣的決心，都不是出於道德立場，而是出自純粹的海權計算。

馬漢戰略的現代轉型：
海權不只在艦隊，更在供應鏈與資訊鏈

雖然馬漢理論誕生於十九世紀，其核心概念卻在今日以更複雜形式重現。現代海權不只取決於軍艦與港口，更在於誰能控制海上物流、數據網路與戰略物資供應鏈。

臺灣在全球半導體產業鏈中的地位，使其成為科技海權的交匯點。台積電不只是科技公司，更是全球電子工業、軍事裝備與通訊設施的「核心供應基地」。控制臺灣，不只代表制海，也代表制矽（Silicon Control），掌握下一代技術軍事主導權。

同時，現代海權也進入資訊空間。誰能控制海底光纖、通訊衛星與全球航運數據，誰就能在戰爭發生時快速切斷敵方通訊、導引錯誤、癱瘓協調。臺灣在環太平洋光纖網中的節點角色，以及其高強度的IT與國安基礎設施，更加劇其海權地緣價值。

馬漢若在世，或許會將其名著改為《資訊時代的海權》。在當代，軍艦航行的是太平洋，晶片與數據卻流動在一條條無形的「數位航線」上，而臺灣正處於這些航線的交會處。

結語：臺灣是海權賽局的座標，而非情緒議題

馬漢式的海權概念，幫助我們理解臺灣問題的真正本質：這不是民族統一的議題，也不是單純的自由與專制之爭，而是全球海上秩序與戰略架構的關鍵座標。

臺灣若失，海權移轉將實質發生；臺灣若守，全球秩序仍有穩固的核心。從這個角度看，維持臺灣的戰略自主權，不只是地區利益，更是全球力量平衡的基石。

因此，任何忽略海權、忽略島鏈結構、忽略馬漢理論的政策設計，都將導致戰略判斷失準。而理解臺灣的存在，不只是「捍衛一個民主政體」，而是守住一場從西太平洋到全球航道的秩序鬥爭。

第二節　第一島鏈、第二島鏈與中國戰略焦慮

島鏈戰略的形成：從冷戰工具到現代框架

「島鏈戰略」最早由美國於冷戰時期提出，目的在於限制蘇聯與中國的海軍力量外擴。整體構造依地理位置分為三條：

第三章　從邊境到前線：第一島鏈的戰略再定位

- 第一島鏈：自日本南端經琉球、臺灣、菲律賓至馬來半島；
- 第二島鏈：由小笠原群島經關島至帛琉；
- 第三島鏈：含夏威夷與美西沿岸，是美軍本土防禦的最後防線。

這三道島鏈共同構成一種逐層遞進的封鎖與遏止體系，目的在於對潛在敵國的戰略圍堵與軍事限制。而臺灣正處於第一島鏈的心臟地帶，它不僅是封鎖的節點，更是連接東北亞與東南亞的地理樞紐。

當中國在經濟與軍事崛起後，開始尋求「從陸權走向海權」的轉型，其首先必須面對的，就是這套島鏈體系的阻擋。特別是第一與第二島鏈的夾擊，使中國長期陷於「近海囚籠」的戰略困局。

第一島鏈的壓迫感：中國軍事戰略的焦慮起點

從解放軍內部公開的戰略報告與學者言論可發現，「第一島鏈」被視為中國海軍無法邁向深藍的最大障礙。其戰略焦慮有三大表現：

- 潛艦通行限制：中國潛艦若要進入太平洋，必須穿越宮古海峽、巴士海峽或與那國海域，這些區域均受美日反潛網與聲納監控；

第二節　第一島鏈、第二島鏈與中國戰略焦慮

- 航母投射瓶頸：解放軍航母若要部署至西太平洋，必經受限於島鏈中的空域、海域與彈道飛彈覆蓋帶；
- 防空識別區交錯：第一島鏈內集結了日本、臺灣、美軍等多方防空網，一旦演習或行動升高，很容易引發戰略誤判。

在此背景下，中國強化「反介入／區域拒止」（A2/AD）系統，部署東風系列飛彈、強化海上監視與近岸防衛，即是意圖削弱島鏈壓力，爭取戰略縱深。然而這些動作又反過來加深美日臺等國的防備與聯合部署，使第一島鏈成為中方軍事焦慮與地緣衝突的起點。

第二島鏈的遙遠目標：走向藍水的必經關卡

對中國而言，第一島鏈是當前障礙，第二島鏈則是未來投射目標。若能跨越第一島鏈並在第二島鏈站穩腳步，意味著解放軍將具備干擾美軍從夏威夷至關島的戰略通道能力。

第二島鏈的戰略意義包括：

- 為解放軍潛艦與遠程飛彈提供更深水與更隱蔽的機動空間；
- 作為打擊關島與夏威夷等美軍後勤基地的跳板；
- 削弱美國對臺灣與東亞盟邦的快速支援能力。

為此，中國進行以下部署與布局：

- 強化南海島礁機場，作為東南進出的中繼站；

- 建構衛星與反衛星作戰能力,壓制第二島鏈上的情報監控設施;
- 提升空中加油與遠程轟炸能力,將空軍打擊半徑推向關島以東。

這些發展意圖清晰——中國不再滿足於「保衛近海」,而是要「干擾外援、拒止進入」,將戰爭主動權從岸邊推向外海。但這正使其與美國在第二島鏈地區形成愈來愈多的碰撞點,包括帛琉、馬里亞納群島,甚至澳洲北方基地也開始納入中方預警圈。

島鏈困局的反射投影:從軍事壓力到戰略心理

中國對島鏈的不安,不僅展現在軍事層面,也滲透至其國家戰略文化中。這種地緣壓力構成一種「環繞感的地緣神經」,造成兩種傾向:

- 行動升高的衝動:為破除圍堵,中國更可能在戰略節點如臺灣、東沙群島、巴士海峽進行強硬測試;
- 內部敘事強化:透過民族主義動員與媒體宣傳,將「突破島鏈」等同於國家崛起與民族尊嚴。

這種結構性的地緣心理,導致中國在面對第一島鏈時,更傾向視其為「必須拆解的框架」而非協調的區域架構。其所有軍事擴張行為,都帶有一種根源性的焦慮推動力。

若臺灣繼續穩定存在且深化與美日軍事合作，這種心理壓力將進一步惡化，從而增加中國動用軍事力量的風險。

結語：從地理限制到戰略選擇的斷裂點

島鏈不是鐵絲網，卻足以困住一個帝國的海權夢。中國在第一與第二島鏈間的焦慮與衝撞，不只是軍事推演，更是一種結構性戰略碰撞。臺灣正位於這場對撞的核心縫隙之中。

理解中國的島鏈焦慮，不是為了同情或妥協，而是為了預判其可能的行動邏輯與選擇模式。若我們無視這種壓力的積累與形變，就會誤以為危機只在「軍艦交會」時才開始，實際上，戰爭的序章早已在中國的戰略地圖與軍心敘事中悄然開啟。

第三節　臺灣的地緣命運：航道、科技與戰略縱深

戰略地圖上的樞紐：臺灣的天然位置困境

臺灣位於西太平洋的中心點，地處第一島鏈正中，北控東海與琉球、南鎖巴士與南海航口，是連接東北亞與東南亞、太平洋與亞洲大陸的「海上十字路口」。這個地理位置，使得臺灣不僅是島鏈的節點，更是整個印太戰略網的核心。

第三章　從邊境到前線：第一島鏈的戰略再定位

從戰略地圖上看，任何進出東亞海域的重要航道，都無法避開臺灣東西兩側的海峽與空域 —— 包括中國要進入太平洋、美國要介入臺海、日本要連接南海、東協國家要對接東北亞，都要通過臺灣周邊。這樣的「地理中心性」使臺灣成為被動性的戰略焦點。

但這種「必經之地」的優勢，也意味著一旦發生衝突，臺灣幾乎無處可退。它不像烏克蘭可以向西歐撤退、如以色列有沙漠縱深可緩衝。臺灣的縱深小、人口密集、戰略節點高度集中，使它在戰時極易成為首波打擊的目標與集中焦點。

因此，地理給了臺灣高度戰略價值，也同時帶來高密度風險：一旦周邊地區進入軍事對抗，臺灣將最早捲入，且最難全身而退。

全球航運的命脈：巴士海峽與太平洋出口

在全球貿易網絡中，臺灣所處的巴士海峽與臺灣海峽是東亞與世界連接的重要關節。根據國際海事組織（IMO）統計，每年經過巴士海峽的貨輪超過 15 萬艘，其中包括來自中東的原油與液化天然氣、前往日本與韓國的汽車原料、以及全球最大的電子產品運輸路線。

臺灣若遭遇戰爭或封鎖，這些通道即刻中斷，將引發以下三個層級的後果：

第三節　臺灣的地緣命運：航道、科技與戰略縱深

- 區域經濟動盪：日本、南韓將面臨能源斷鏈，製造業中斷；
- 全球通膨上升：石油、天然氣與消費性電子產品價格飆升；
- 金融市場不穩：東亞地區股市與海運保險成本劇升，進而傳導至歐美。

馬漢強調「海權在於控制航道而非占領土地」，臺灣的巴士海峽與東側深水海域，正是現代戰略航道的縮影。控制臺灣即等於掌控東亞貿易咽喉，這也是為何美國海軍頻繁在此巡弋，中國軍方則試圖透過實彈演訓與包圍行動「試水溫」。

半導體地緣學：科技霸權的戰場核心

除了地理與航運之外，臺灣還掌握了另一種戰略資源：晶片製造能力。臺灣生產全球超過 65％ 的晶片、90％ 的先進製程晶片，而這些晶片被廣泛應用於智慧手機、伺服器、導彈系統、飛機、戰車、人工智慧與量子運算。

台積電（TSMC）被喻為「全球最重要的公司」，其先進製程能力遠超英特爾與三星。在現代戰爭中，掌控資訊流與運算能力即是掌控勝敗的關鍵，而晶片正是所有這些系統的核心能源。

這種情況造成臺灣出現一種稱為「矽盾」（Silicon Shield）的戰略幻覺：國際會為了保住晶片供應鏈而保護臺灣。但現實更可能是：

- 中國會以奪取台積電為戰略目標，而非單純占領政權；

第三章　從邊境到前線：第一島鏈的戰略再定位

- 美國有可能在極端情況下實施晶片技術封鎖甚至摧毀設施，以避免其落入敵手；
- 戰火若蔓延至中部科技園區、南科與新竹，全球供應鏈將立刻崩盤。

因此，臺灣的科技優勢是一種「高價值但極脆弱」的戰略資產。若無強固的外部合作體系與戰時保護設計，這項資產不會轉化為國防優勢，反而會成為敵人第一優先目標。

戰略縱深的限制：從海空防禦到基礎設施布局

臺灣島狹人稠，無天然沙漠、山區難以快速移動，交通幹道集中於西部平原，能源、通訊、政治、軍事中樞也多位於少數城市。這樣的空間布局，在現代戰爭中是極度脆弱的：

- 一旦發動斬首行動，首都政治中樞難以轉移；
- 中部與南部發電站、科技園區與高鐵樞紐若遭打擊，全島將出現停擺效應；
- 空軍基地與戰備跑道多數靠近海岸線，無法支撐長期轉進或疏散行動。

現代戰爭講求快速癱瘓敵方神經中樞，臺灣的這種「節點型集中結構」將讓敵方能在短時間內癱瘓全島資訊與命令鏈。除非平時即布建備援指揮體系、分散能源供應、加強地下通訊與臨戰部署，否則在首波攻擊後，防衛效能將大幅衰退。

戰略縱深不只是地理問題,更是「國家結構的可轉移性」設計問題。而臺灣目前面對的,是一場必須在有限空間內完成最大戰術延展的挑戰。

結語:地理不是命運,但必須成為準備的起點

臺灣位居地理核心、掌控全球航道、握有半導體權力,這些讓它成為全球矚目的焦點,也讓它無法自外於大國對抗。然而,這些「資產」,若無配套的戰略設計與國安制度,只會成為脆弱的光環。

馬漢說:「控制海權者控制未來」。但對臺灣而言,控制自己命運的前提,是不被地理吞噬,不被優勢轉為目標。這需要的不只是國防預算與軍購數字,更是對空間、供應、節點與制度的重新設計與重構。

未來戰爭不只在臺灣發生,更會以「因臺灣而起」的形式出現。我們不能改變地理,但我們能改變面對地理的姿態。

第四節　日本與菲律賓的變動角色

第一島鏈的前線變形:日本與菲律賓走向戰略主位

當臺海局勢日益升高,第一島鏈從冷戰時代的「防禦邊界」轉型為「潛在戰場」。而在這條島鏈中,日本與菲律賓不再只是

第三章　從邊境到前線：第一島鏈的戰略再定位

支援國或觀察者,而正逐步變成具有前線防禦與主動嚇阻能力的戰略要角。

日本與臺灣僅距離 110 公里,菲律賓則南界巴士海峽,兩者都地處中國進出太平洋的戰略門檻。中國若試圖武統臺灣,勢必要跨越、壓制甚至先奪這些周邊戰略節點。反過來說,美國若欲介入臺海防衛,也勢必要以日本與菲律賓為海空中繼、彈藥補給與情報支援平臺。

這樣的地理現實,已將兩國推向一個不得不選邊、不容再模糊的安全角色。而兩國內部的戰略轉型,也正呼應著這場地緣調位。

日本的戰略回歸：從和平國家到準備迎戰

自二戰後,日本一直受到憲法第九條約束,限制自衛隊僅能進行防衛性行動,並長期依賴美國駐軍維持區域穩定。然而,近年中國在東海與臺海的行動加劇,讓日本輿論與政策開始進行根本性的戰略重估。

關鍵轉變包括：

- 戰略自主擴軍：2022 年日本宣布五年內軍費將達 GDP 2%,創下戰後新高；
- 發展反擊能力：導入戰斧巡弋飛彈與開發國產超音速飛彈,具備對中國沿岸基地的打擊能力；

第四節　日本與菲律賓的變動角色

- 島鏈防衛強化：部署陸自部隊至與那國、石垣等接近臺灣的西南諸島，並建立飛彈基地與雷達站；
- 美日同盟深化：落實「整合指揮架構」，實現日本自衛隊與美軍在戰時即時共享情報與命令機制。

此外，自 2021 年起，前首相安倍晉三多次公開表示「臺灣有事即日本有事」，此一表述也逐漸成為日本執政高層的政策共識基礎。

2023 年以來，日本防衛省與自衛隊開始針對臺海衝突進行兵棋推演，並研擬應對計畫，包括撤離在臺日僑、強化西南諸島防衛與強化與那國島、石垣島的導彈與偵測部署。此外，日本政府亦在 2025 年提出大規模國人撤離預案，顯示其已將臺海衝突視為「具實質安全威脅潛勢」的地區事態。

此舉不僅代表日本不再是單純的戰略支援角色，更意味著一旦臺灣發生軍事衝突，日本極可能以「重要影響事態」或「存立危機事態」的框架介入，進一步推動日美聯合反應機制。

因此，臺海已成為日本「西南防衛線」的核心延伸，日本在地緣戰略上正從觀察者逐步轉變為潛在當事者。

菲律賓的地緣甦醒：從親中遲疑到親美重返

杜特蒂時期，菲律賓傾向淡化與美軍的軍事合作，轉而親近中國。但這樣的政策在南海主權摩擦、經濟落空與中國船艦

壓力之下逐步破產。2022年馬可仕二世上任後，旋即重啟與美國的防務協議，強化菲美之間的軍事互信。

具體轉變如下：

- 加強 EDCA：擴增五座可供美軍使用基地，涵蓋呂宋北部與帛琉南部，明顯靠近臺灣；
- 美菲聯演擴大化：「肩並肩演習」（Balikatan）參與部隊人數翻倍，納入兩棲作戰與反封鎖項目；
- 建立海空監控體系：與澳洲、日本共建雷達站與岸防設施，加強南海與臺灣海域情報收集；
- 軍事外交靈活化：與韓國簽訂海軍技術合作，開啟與印度的防衛談判，逐步實現區域安全多邊化。

菲律賓的戰略轉向，不是因為想打仗，而是因為戰爭風險已逼近國門，必須先表態以保衛自己。臺海若戰，巴士海峽將是美軍進出臺灣的唯一快速通道，菲律賓的角色將從邊界「閘門」變為主動「橋梁」。

周邊國家的模糊成本：安全選邊的時間壓力

日本與菲律賓的共同挑戰在於，兩者皆有強烈的經濟與軍事結構分裂：中國為其第一大貿易國、美國為其安全保證人。這種「戰略矛盾體」導致兩國在過去常以模糊敘述維持平衡。

然而隨著地緣風險升高，這種模糊策略越來越難維持，甚

至轉變為風險本身。具體表現在：

- 軍事模糊會成為戰時斷點：一旦無明確作戰協議，戰時將無法即時協作；
- 民意反差將造成國內政局不穩：若未提前建立防衛合法性，遭遇打擊時將引發質疑與內部崩解；
- 外交模糊將削弱威懾效果：敵方無法判斷是否會反擊，反而更易冒進。

因此，日本與菲律賓近年皆出現「預先清晰化」的戰略傾向：提前承諾參與，才能阻止衝突發生，或至少爭取空間與時間做出調整。

第一島鏈的聯防未來：從軍事部署到制度整合

面對中國的島鏈突破戰略，美國不再僅依賴自己兵力，而是強調「夥伴共構」，由周邊盟邦與戰略夥伴共同布建一張涵蓋軍事、情報、後勤與外交的「協防網」。

日本與菲律賓皆被納入這張網絡，其角色也不再僅是「讓渡基地」，而是主動參與以下任務：

- 設施共享與彈藥儲備；
- 戰場監視與預警通報；
- 水下資產保護與反潛合作；
- 軍官交流與作戰語言統一化。

第三章　從邊境到前線：第一島鏈的戰略再定位

臺灣亦應主動接軌這套機制，無論是否有正式軍事同盟，只要能將危機反應時間從數日縮短至數小時，就足以產生戰略嚇阻力。

結語：新型島鏈聯盟的兩端發力

第一島鏈已不再是單一國家的防線，而是一整條多國共構的戰略平臺。日本與菲律賓，一北一南，如今都已不再模糊，而是選擇了「參與式威嚇」的方式應對中國壓力。

對臺灣而言，這不僅是好消息，更是提醒：唯有主動與這兩端接軌，才能讓自己在區域戰略中不再孤立，也讓對手理解，任何對臺的行動，都是對整個區域秩序的挑釁。

聯盟不是保證，但若臺灣未在這張島鏈網中占據一個活絡位置，那麼當戰爭發生時，我們能否被納入「戰略回應邏輯」，將不再取決於信念，而取決於準備。

第五節　案例分析：南海軍事化進程的戰略投射

一場無聲的戰爭：中國如何用混合手段重塑南海現狀

　　南海軍事化進程，是中國在未開火條件下、完成戰略據點建構與區域秩序塑形的代表性案例。自 2013 年起，中國以「南海主權維護」之名，在渚碧礁、美濟礁、永暑礁等地展開大規模填海造陸與設施建設，最終將零星珊瑚礁轉變為可供軍機起降與軍艦停靠的永久據點。

　　這些人工島被迅速武裝化，部署雷達、反艦飛彈、遠距防空系統、地下彈藥庫與長程通訊塔，並配備可應對區域封鎖作戰的後勤支援設施。在國際法律與軍事衝突間遊走，中國避開全面戰爭，卻在幾年間有效扭轉了南海戰略態勢。

　　這是一場無聲的主權擴張，一次精準的地緣重塑，更是一套可轉移的戰略劇本。對照臺海局勢，若我們視南海為實驗場，那麼它就為未來「無聲控制臺灣周邊」提供了一條高度可複製的戰略邏輯路徑。

第三章　從邊境到前線：第一島鏈的戰略再定位

灰色地帶戰術的全貌：從漁船到火箭發射車

中國在南海的操作手段，充分展現了「灰色地帶衝突」的概念——即介於和平與全面戰爭之間，以非傳統軍事力量進行實質控制：

- 民兵化的海上民用船團：透過海警船與漁船集團穿插行動，營造「非武力主體」形象，讓對手難以正當反擊；
- 階段性布建：先建燈塔、後建簡易設施、再升級軍事跑道與飛彈陣地，步步進逼，國際社會難以即時反應；
- 法律與宣傳戰同步推進：對內宣稱「祖國固有疆域」，對外主張「主權不可分割」，建立合法性敘事；
- 時機選擇策略化：多選擇國際社會關注低潮期或地區政權交替時行動，避免集中輿論與外交回應。

這些手段極具戰略設計感：它們從不一次到位，卻也從不後退。對抗這種行動，最難之處在於它永遠不到戰爭門檻，但始終踩在挑釁的邊界上。

國際反應疲弱與制裁機制的失效

2016 年，海牙常設仲裁法院裁定中國在南海的「九段線」主張無法律效力，並認定中國行為侵害菲律賓專屬經濟區。儘管國際法上中國失分，但事實上，其行動不僅未受制止，反而在之後更加擴大。

第五節　案例分析：南海軍事化進程的戰略投射

原因在於：

- 國際社會未能形成聯合行動架構：東協國家立場不一，美歐對中國經貿依賴使其回應有限；
- 美軍雖進行「航行自由行動」(FONOPs)，但未阻止實質軍事擴張；
- 中國主導的敘事成功淡化國際抗議壓力：強調「非軍事用途」與「區域穩定」，並將反對聲音定調為「干預內政」。

最終結果是：中國在沒有開戰、沒有國際制裁、沒有主權轉移談判的情況下，完成了實質軍事控制。這種低成本、高效率的地緣擴張方式，對臺海具有高度戰略啟示性。

臺灣的對映現象：島嶼軍事化的下一目標？

若中國在南海得手的手法成為戰略模板，那麼臺灣周邊海域可能出現以下類似行動：

- 東部外海設置「軍事演訓常態區」：以演習為名長期進駐雷達船、無人艦或氣球平臺；
- 在金門、馬祖與東引海域擴大灰色操作：透過海警船與民兵穿插，引發政治、法律與社會多重壓力；
- 在南方空域建立非官方識別區域 (ZID)：透過「非正規空中監控」逐步塑造空中主權感；

- 島鏈外圍發展戰略物資轉運點：以商港之名，實施前置軍事補給與物資儲運。

若國際反應模式如南海一般遲緩、割裂與觀望，這些行動將成為「既成現實」，讓中方逐步從外圍形成圍堵態勢，使臺灣防衛空間日益被壓縮。

結語：
當對手已在演練時，我們不該還在思考開場白

南海的教訓非常清楚：中國擅長不打第一槍，但早已完成整個戰場準備。臺灣不能將戰爭理解為某日「敵人登陸」的畫面，真正的戰爭可能早在「每日海空警告」、「假訊息擴散」、「軍事演訓包圍」中悄然進行。

南海軍事化是一場「溫水煮蛙」式的戰略侵蝕，而臺灣正是下一個鍋。若不從今天開始就設計對應的訊號管理、戰略節奏與跨國應對聯盟，將在敵人準備完成時，才驚覺我們連開場白都來不及講。

歷史不是預言，但它會一次次重複，直到我們真正學會如何提前防守。

第四章
臨界點出現：
模糊破局與戰爭催化劑

第四章　臨界點出現：模糊破局與戰爭催化劑

第一節　灰色地帶衝突與「非戰即戰」的界線

灰色地帶戰的本質：非和平，也非戰爭

「灰色地帶」(Gray Zone) 概念，是二十一世紀軍事與安全學界對傳統戰爭形式的重大修正。根據美國海軍陸戰隊戰略顧問霍夫曼的定義，灰色地帶衝突是「一種運用外交、經濟、資訊與軍事手段，達到目的卻未越過全面戰爭門檻的衝突樣態」。

這種策略的關鍵在於「模糊」，包含：

- 角色模糊：非正規部隊、民兵、海警或網軍；
- 行為模糊：未達宣戰程度的挑釁或騷擾；
- 界線模糊：介於和平與戰爭之間的灰色空間。

在這種結構中，衝突成為一種「常態化存在」，並透過疊加壓力讓對手進入消耗、誤判與戰略疲乏狀態。對於開放社會而言，這種模式尤其致命，因為民主政治體系需遵循程序與民意，而對手卻能「毫無束縛地施壓、試探、入侵、否認」。

臺海局勢正是在這個框架中被重新定義。中共對臺的軍事壓力早已不再是傳統意義上的「備戰」，而是一場長期、持續、未宣戰卻實際運作的灰色攻勢。

第一節　灰色地帶衝突與「非戰即戰」的界線

中國式灰色手段的全景樣貌

觀察近年來中國對臺策略的演變，可明確辨識出灰色地帶戰術的全面化、體系化與節奏化。以下是其主要表現形式：

- 軍事騷擾：解放軍戰機頻繁侵擾臺灣防空識別區（ADIZ），以壓力取代直接交火；
- 海上穿插：中國海警與民兵船隊駛入金門、馬祖海域，引發法律與執法邊界模糊化；
- 資訊戰攻擊：製造臺灣內部假消息、操控網軍引導輿論分裂、散播對政府不信任感；
- 認知戰操作：透過統媒、直播、社群影片「展示中國強大」、「美國不可靠」，削弱民眾抵抗意志；
- 經濟脅迫行為：突然停止特定產品進口（如鳳梨、石斑魚）、取消臺灣參與國際活動資格；
- 氣球與低階偵察裝置入侵：用於心理壓力與軍情探測的非致命手段。

這些行動的共同特徵在於：每一項行動都可被辯稱為「非戰」，卻又確實構成「攻擊」。當臺灣政府嘗試回應時，往往會陷入內部質疑：「為什麼反應過度？是否升高衝突？」這正是灰色戰術最致命之處——它使民主體制自我遲滯。

第四章　臨界點出現：模糊破局與戰爭催化劑

「非戰即戰」的新安全邏輯

傳統安全觀將戰爭視為突發事件，而「非戰即戰」模式則預設戰爭可能是一種連續狀態。這種觀念可從以下幾方面理解：

- 戰爭不再是突發，而是漸進：不是一夕之間，而是逐步升高、逐點封鎖、逐層包圍；
- 界線不在軍火，而在節奏：非關飛彈是否發射，而是對方施壓是否不斷升級；
- 決策點不在敵方行動，而在我方容忍：何時反擊，決定於被攻擊者的心理容忍度。

以臺灣為例，若對中國的 ADIZ 侵擾、海警入侵、網路攻擊皆不採取實質反應，則中方將逐步建立一種「新常態」，改變雙方事實界線。這就是灰色地帶戰爭的目的——不流血，但改變現狀。

而民眾在這種模式下，也可能陷入「不知何時是戰爭、何時是和平」的心理疲勞，最終形成戰略麻痺（strategic fatigue），這對民主體制而言，是國家安全的真正臨界點。

國際回應的困境與臺灣的應對策略

灰色地帶戰的另一大挑戰在於：國際社會很難對這種「尚未成為戰爭」的局勢給予清晰回應。無論是國際法、國際組織還是

第一節　灰色地帶衝突與「非戰即戰」的界線

多邊聯盟，都難以對「無開火的侵略」提出有效處置。

例如：

- 聯合國體系對「主權威脅但未交火」的情境缺乏法源；
- 美國與臺灣雖有緊密合作，但尚無正式聯防機制；
- 周邊國家如日本、菲律賓，多持觀望態度，避免捲入模糊衝突。

因此，臺灣唯有自建「模糊應對機制」，才能在不等國際反應之下，維持自身的行動能力與社會韌性：

- 制度面：建立跨部門應對灰色衝突指揮中心，統一訊息、快速回應；
- 輿論面：強化假訊息查核、教育公民辨識「認知攻擊」；
- 軍事面：提升非對稱反制能力，如部署高機動雷達、海空監控無人機；
- 法律面：制定「敵對行為認定法」，為政府介入提供正當性；
- 國際協作：建立與美日菲澳的灰色地帶聯絡窗口，進行資訊與戰情同步。

這些動作的核心目的，是要讓中共「模糊式戰略」在臺灣碰壁——不再能以非戰形式輕鬆達成戰略目的。

第四章　臨界點出現：模糊破局與戰爭催化劑

結語：戰爭不會宣告開始，而是悄悄完成

在今日的國際安全架構中，真正的戰爭不再來自坦克與炸彈的落地，而是來自國家制度對模糊敵意的錯誤判讀與過度容忍。

灰色地帶的擴張，讓我們身處於一種「非戰的戰爭狀態」。它沒有明確的第一天，也沒有停止鐘聲；它只靠一連串日常事件、一場場海空小動作、一波波訊息風暴，逐步磨損臺灣的信心、資源與團結。

我們不能再等待「敵人開第一槍」的傳統訊號，因為這場戰爭已經在我們眼前開打。不是在前線，而是在邊界；不是在戰場，而是在日常；不是未來，而是現在。

第二節　臺海周邊軍演與武力示警升級軌跡

軍事演習的本質轉變：從訓練到示警再到政治訊號

軍事演習過往被視為部隊訓練與聯合作戰的例行性行動，但在當代戰略語境中，它早已轉化為一種軍事外交手段，甚至是「以演代戰」的前奏。湯瑪斯・謝林曾在《衝突的策略》中指出，軍事部署與演習行為本身，即是一種「溝通」，傳遞意圖、威嚇對手、鞏固盟友信任。

第二節　臺海周邊軍演與武力示警升級軌跡

對中國而言，近年對臺軍事演習的性質已明顯轉變，不再僅是對內展示「保衛統一」的姿態，而是對臺、對美、對日、對區域多方傳遞「戰爭可啟動」的戰略語言。2022年裴洛西訪臺後，中共即發動大規模實彈包圍式軍演，射彈落入臺灣周邊專屬經濟海域，引發國際強烈關注，也首度將軍演提升為準封鎖行動。

這類軍演已具備三重特性：

- 模擬性：針對具體場景如反介入、反登陸、臺北斬首、飛彈飽和打擊進行演練；
- 威嚇性：刻意在臺灣西部或東部空域與海域進行高頻飛行與火力展示；
- 常態化：演習頻率逐漸趨於每月甚至每週，建立所謂「新軍事現狀」。

這些演習的升級，不再只是軍事技術行動，而是戰略節奏的升高節點，每一次演習，都是在測試臺灣與盟邦的反應閾值。

演習與攻擊的模糊邊界：
何時是練兵？何時是開戰？

軍演若只是演習，那麼它不應觸及臨界行為（如穿越中線、鎖定雷達、越過專屬經濟海域），但當前中共對臺演習已明顯超越此界線，出現多起「假演習真封鎖」的戰略模擬：

第四章　臨界點出現：模糊破局與戰爭催化劑

- 2022 年 8 月的六區實彈軍演，實際構成對臺灣東南與西南空域的封鎖環；
- 殲-16、轟-6 穿越中線次數在一年內從偶發變成常態；
- 使用無人機逼近金門、東引與彈道飛彈穿越臺北上空，已具有挑釁屬性。

這種模糊邊界的使用，其背後戰略邏輯是：讓敵方難以區分何時只是警告，何時是攻擊前兆。當對手反應不足，則演習成為實質主權覆蓋手段；當反應過度，則可反向指責升高衝突。

臺灣若對所有軍演都進行完整軍事應對，將導致資源疲乏與民眾焦慮；但若不回應，則助長對方行動升級與「新常態」的建立。此一兩難局面，正是中共戰略設計中的關鍵預設：戰術上讓臺灣進退失據，戰略上迫使國際社會逐步冷感退場。

區域性軍演與多邊訊號戰的交織

中國的軍演從單純對臺轉為區域包圍，已明顯展現其地緣訊號延伸意圖。例如：

- 在南海進行與對馬海峽同步的遠距火力投射演練，對日韓構成壓力；
- 在東海與巴士海峽同步進行空軍聯合巡航，對美軍航母群形成壓力場；

第二節　臺海周邊軍演與武力示警升級軌跡

- 在與菲律賓爭議海域演訓，影響東協安全評估，使臺海衝突變成「多方為敵」。

這種演訓布局的跨區域化，說明中共不再將臺灣視為「內政問題」，而是作為印太戰略的突破口來設計。每一場軍演不只面向臺灣，更向區域內外傳遞「我可戰、我不怕戰、我已在戰」的訊號。

而臺灣在此格局中，若僅採單一防衛視角而忽略區域戰略演變，將陷入誤判：以為衝突局限於自己、回應動作無關他人，實則每一次回應都關乎多邊認知與聯盟可信度。

民心與軍演的心理戰延伸：恐懼、習慣或麻痺？

中共軍演的目標從來不僅是戰術層面，更是心理層面。透過「軍演頻率」與「軍演強度」雙軌操作，意圖讓臺灣社會出現以下三種心理反應：

- 恐懼效應：透過武力展示引發不安，影響投資、民生與國際信心；
- 習慣效應：讓民眾對軍演逐漸麻木，降低政治與媒體回應密度；
- 懷疑效應：擴大內部「我們反應過度嗎？」、「政府真的知道怎麼應對嗎？」的聲音。

第四章　臨界點出現：模糊破局與戰爭催化劑

這些心理操作戰的效果，往往比實體武力更具穿透力。尤其當臺灣社會同時面對選舉、疫後經濟與兩岸認同分歧時，「軍演－焦慮－內耗－削弱防禦意志」的循環，會成為戰前真正的「消耗戰」。

唯有建立全社會的軍演識讀能力與心理免疫結構，才能讓中共的戰略意圖無從落地。否則，戰爭尚未開打，社會已自我裂解。

結語：軍演是衝突的前奏，不是訓練的尾聲

演習的意義，早已從「備戰」轉向「表態」，從「訓練」轉向「訊號」。在這種新格局中，臺灣必須重新思考：每一次軍演，到底是一次準備、一次試探、還是一次戰爭的邊界重塑？

軍演頻率的升高，代表衝突的門檻正在被拉低；反應模式的失衡，則將讓戰略判斷進一步模糊。我們不能再用二十世紀的和平軍事概念，理解二十一世紀的戰爭語言。

臺灣必須將演習視為戰爭節奏的組成，將日常軍事回應制度化、社會動員常態化、國際協調即時化，否則下一次軍演，可能就不是警告，而是開場。

第三節　國際輿論與民意動員的交叉誤解

輿論即戰場：資訊在衝突前的動員效應

在當代戰爭中,「輿論」早已不只是附屬於戰事的評論,更是一種可操控、可輸出、可部署的戰爭工具。國際輿論、媒體敘事與群體情緒成為兵力之外的「第四空間作戰」。

戰略研究者法蘭克・霍夫曼指出,資訊與認知行動(Information & Influence Operations)是現代戰爭的第一道交火線。當軍事部署尚未完成,對輿論場的操作已在進行布陣,特別是在臺海這類敏感地區,輿論與軍力常形成「交錯火網」,加劇誤解與判斷錯位。

此現象可簡化為三層傳播模型:

- 國際輿論:由全球媒體、政府聲明與智庫報告主導;
- 地區輿論:由周邊國家媒體、外交動態與民間社群討論形塑;
- 國內輿論:由臺灣本地媒體、生態圈 KOL、黨政角色與社群平臺主導。

而這三層往往時間點不一、語境不通、目標不明,最終在戰爭前夕產生「認知交叉誤解」的致命螺旋。

第四章　臨界點出現：模糊破局與戰爭催化劑

國際媒體的敘事邏輯與臺灣反應的錯頻節奏

全球主流媒體報導臺海議題時，多採取結構性框架：「大國對抗」視角優先，其次才是臺灣內部聲音。在此邏輯下，臺灣常被描繪為棋盤上的戰略節點，而非具有主體性的政治社會體。

常見的外部敘事框架包括：

- 「美中新冷戰中的導火線」；
- 「北京想統一、華府不願失控、臺灣夾縫中求生」；
- 「民主與威權的碰撞」；

雖然這些描述未必惡意，卻忽略了臺灣本地多元政治光譜、民意變化與對未來戰爭想像的分歧，進而導致臺灣內部「被外部認知」的反差感。

這種反差會導致：

- 臺灣民眾認為國際忽視本土主體感受；
- 國際觀察者誤判臺灣內部支持抵抗的程度；
- 決策圈無法形成一致的對外訊號，反而加劇誤解與戰略模糊。

因此，媒體節奏的不對稱，將導致軍事衝突前的關鍵「準戰狀態」判讀出現致命偏誤。

第三節　國際輿論與民意動員的交叉誤解

民意動員的陷阱：
情緒放大與實力錯估的雙重風險

在衝突升高前夕，民意會迅速受到情緒操控或動員。這種動員可能來自內部，也可能來自外部推波助瀾。

以 2022 年烏克蘭戰爭為例，開戰前西方大量報導「即將入侵」的警告，但烏克蘭內部民意仍傾向「普丁不敢打」，反映出國際與國內情緒判讀的落差。臺灣若出現類似情境，風險在於：

- 高估盟友反應與保護力：因為民意受媒體與政治話術影響，誤以為外援會「立即」到來；
- 低估對方意圖與決心：因為歷史經驗或政治信念誤導，導致危機應變延後；
- 過度倚賴社群情緒動能：忽略社群動能在壓力下可能反噬、崩潰或癱瘓。

特別在資訊戰與假訊息交錯滲透的當下，民意不再只是「戰後政治重建的基礎」，而是戰前行動選擇的驅動器。

臺灣的民主政治架構使民意在戰略選擇上具有極大影響力，若這股力量被誤導、誤判或操弄，將導致政府政策、軍事節奏與國際判斷全面錯配。

第四章　臨界點出現：模糊破局與戰爭催化劑

當訊號失真：戰略訊息的交叉誤解案例解析

訊號失真，是現代戰爭準備期最常見也是最致命的結構性問題。所謂訊號，是指國家或軍隊針對對手所傳遞的行動意圖或限制框架（如「越界即反擊」、「我們絕不主動攻擊」）。

一旦訊號傳遞過程中出現誤解，可能導致：

- 誤以為對方在示弱而冒進；
- 誤認對方在準備開戰而先發制人；
- 誤以為盟友已表態支持而啟動升高行動。

臺灣在 2022 年裴洛西訪臺事件後的社會情緒即出現訊號混亂：一方面社群盛讚「民主勇氣」，一方面國際媒體強調「可能引戰」，而政府則刻意降低危機語言。結果導致：

- 國內民眾意見高度分裂；
- 國際輿論誤解臺灣是否有「準備打仗」的共識；
- 北京透過軍演升級，試探三方反應邊界。

這種訊號錯位，最終不僅削弱嚇阻力，也使臺灣無法形成一個清晰的「外交認知框架」，讓國際理解我們的真正立場與準備程度。

結語：從對內動員到對外訊號的認知整合戰

臺灣若欲避免在下一場危機中成為「被誤解而引戰」的對象，首要任務不是強化飛彈，也不是擴增兵源，而是建構一個可同步對內、對外的「認知防衛體系」。

這個體系必須具備：

- 政府與軍方一致的危機語言與節奏；
- 國際外交訊息的雙語一致性與即時性；
- 媒體與公民社群的風險認知訓練；
- 假訊息與分裂操作的即時剖析與反制能力。

唯有如此，才能將民意轉化為行動力量、將國際輿論轉化為政治籌碼、將戰略訊號轉化為嚇阻機制。否則，下一場戰爭的第一聲炮響，可能不是飛彈落地，而是訊息誤解的一次回聲。

第四節　關鍵事件觸發：從擦槍到走火的連結

臨界點的生成：從日常摩擦到戰略失控的轉化

在高張力區域，戰爭的起點往往不是預謀攻擊，而是小規模意外在多重壓力下迅速擴大。這種現象，在戰略學中被稱為「臨界點觸發」(tipping point trigger)。

第四章　臨界點出現：模糊破局與戰爭催化劑

當地緣緊張持續升高，彼此軍事行動頻率加快，誤解與誤判便成為戰爭真正的導火線。

臺海正處於這種高風險臨界態：

- 空中交會日益頻繁，中線已形同虛設；
- 海上摩擦層出不窮，海警與民兵活動邊界日益模糊；
- 網路與資訊空間對抗同步進行，戰場概念拓展至非物理空間。

在這樣的結構下，一場偶發的撞機、誤射、失控演習，或一次失誤的指揮判斷，都可能迅速升級為無法回頭的局勢擴大。這並非純粹技術問題，而是結構性危機的必然產物。

臺海高風險區域分析：五大臨界熱點

依據現有軍事部署、演習模式與國際通行線，臺海周邊可劃分出五大臨界熱點：

1. 臺海中線空域

解放軍戰機頻繁跨越中線，與臺灣空軍攔截應對過程中，一旦出現雷達鎖定、近距離纏鬥，將可能迅速升高至短程對空交火。

2. 金門與馬祖周邊水域

民兵船、海警船與臺灣海巡之間常態性對峙，一旦發生扣押、撞擊、甚至船員傷亡事件，將極易升高為地區性軍事衝突。

3. 巴士海峽通道

美軍與解放軍海空力量頻繁交會處，距離臺灣南端僅數百公里，誤認行動意圖或雷達鎖定誤報，可能引發艦對艦、空對空突發戰鬥。

4. 東引與東沙島區域

小型軍事據點，防衛單位孤立脆弱，中方若以海警或灰色部隊封鎖，臺方回應動作將成為升高或避免衝突的關鍵。

5. 南海與臺灣東南外海交界區

中共常態性聯合演習地點，若演習區域進一步北擴，或射擊落點接近臺灣經濟海域，將直接觸發防衛行動。

這些區域不僅地理接近，且因雙方對「領空」、「領海」界定不一，形成法律、軍事與政治認知的交錯地帶，最容易成為擦槍走火的引爆點。

反應鏈條的設計缺口：
從戰術應對到政治決策的時間差

意外事件發生後，能否控制局勢，取決於衝突升高過程的設計與節奏。

目前臺海面臨三大結構性問題：

第四章　臨界點出現：模糊破局與戰爭催化劑

1. 軍事層級反應速度快，但政治層級回應機制慢

國軍前線單位需依交戰規則（ROE）快速應對，但政治指令體系（國安會、總統府）需經多層確認，存在「秒級戰術行動」與「小時級政治決策」的落差。

2. 跨部門資訊同步不足

國防、海巡、外交、內政部門各自掌握局部資訊，未能即時形成統一行動認知，容易出現回應矛盾與節奏不一致問題。

3. 國內輿論節奏與國際期望脫節

臺灣社群與媒體即時放大突發事件，國際社會卻傾向謹慎觀望，導致內部民意壓力與外部支持步調錯配。

這些缺口使得即使事件本身規模不大，也容易因回應節奏失衡而產生升高動能。

從歷史學到的警訊：意外如何成為戰爭的開端

歷史上許多戰爭起點並非源於主動侵略，而是小型意外失控：

- 1914年，塞拉耶佛刺殺事件，奧匈帝國報復行動引發第一次世界大戰；
- 1937年，盧溝橋事變，日本與中國地方部隊小規模交火升級為全面戰爭；

第四節　關鍵事件觸發：從擦槍到走火的連結

- 2001 年，中美南海撞機事件，雖未引發戰爭，但雙方關係迅速降至冰點。

這些案例共通點是：臨界點觸發後，各方因誤判、過度反應或制度缺口，未能及時降溫，導致局勢不可逆轉。

對臺海而言，一次擊落、一場誤判，或一場政治情緒主導的報復行動，都可能打破當前脆弱的戰略平衡。

結語：避免走火，從預設節奏與敘事開始

擦槍走火無可避免，但走火後是否成為戰爭，取決於：

- 是否有即時的「危機通訊機制」能在數分鐘內通報與冷卻；
- 是否有「政治降溫敘事」能迅速提供回應空間；
- 是否有盟邦支援網絡能同步施壓或協調；
- 是否有國內韌性體系能承受初期衝擊。

臺灣必須了解到，我們無法完全避免小型事件，但可以設計「讓小事不成大事」的制度、訓練與心理建設。

否則，戰爭不會以宣戰書開始，而會以一場無意間擦響的子彈開場。

第五節　案例分析：
1999 年科索沃戰爭的點火機制

科索沃戰爭的啟動背景：
從地方衝突到國際危機

1990 年代，隨著南斯拉夫解體，科索沃地區的阿爾巴尼亞族裔要求更高自治權，甚至傾向獨立，激怒以塞爾維亞族為主體的南斯拉夫聯邦政府。塞族當局以軍事手段鎮壓，導致大量平民傷亡與難民潮。

在這個過程中，幾個要素加速了衝突國際化：

- 民族對立極化：塞族與阿族互視對方為生存威脅；
- 地區局勢外溢：大量難民湧向阿爾巴尼亞、馬其頓等鄰國；
- 國際輿論聚焦：西方媒體曝光科索沃的平民屠殺，激發「人道干預」的呼聲；
- 北約介入意志形成：認為不介入將損害其戰後秩序維持聲譽。

這些累積壓力，在 1999 年初達到臨界點，最終促使北約於當年 3 月 24 日對南斯拉夫展開無經聯合國安理會授權的空中打擊行動，開啟了為期 78 天的科索沃戰爭。

第五節　案例分析：1999 年科索沃戰爭的點火機制

羅姆布依談判的破局：點燃戰火的最後一根火柴

1999 年 2 月，國際社會促成南斯拉夫與科索沃代表在法國朗布依埃展開和平談判。會議草擬了一份和平協議草案，要求：

- 科索沃享有廣泛自治；
- 北約部隊進駐保障安全；
- 科索沃未來地位由另行談判決定。

對塞爾維亞而言，這等同於喪失科索沃的主權與被迫接受外國軍隊進駐，因此堅決拒絕。而阿族代表則在西方壓力下勉強接受。

談判破裂後，北約迅速啟動預設軍事計畫，以人道干預為名，進行空中打擊。這個決策過程展現了兩個關鍵臨界點特徵：

- 政治解決窗口關閉：當談判被視為無望，軍事選項成為唯一可行方案；
- 輿論情緒無法逆轉：西方國內民意與媒體要求「立即行動」，政策制定者無法承受拖延風險。

這種壓力推動使得一場原本可以局部控制的地區衝突，被急遽升高為跨國軍事行動。

第四章　臨界點出現：模糊破局與戰爭催化劑

戰爭的模式：有限介入與戰略訊號戰

科索沃戰爭的軍事操作具有鮮明特色：

- 空中打擊為主：北約選擇不投入地面部隊，只以高強度空襲削弱塞族軍力；
- 打擊軍政雙重目標：既攻擊軍事設施，也打擊政府通訊、能源基礎建設；
- 以戰逼談策略：透過連續打擊與經濟封鎖，加大塞族政府內部壓力，促使政治瓦解；
- 媒體戰同步進行：將軍事行動與人道主義敘事結合，正當化北約介入行動。

這種模式顯示，現代戰爭不再需要全面占領對手領土，只要在戰場與輿論場雙重壓制，即可達成政治目標。

這對臺海局勢有直接啟示：未來若發生戰爭，不必是「全面侵臺」，而可能是「快速打擊－心理戰壓制－逼迫談判」的混合模式。

第五節　案例分析：1999 年科索沃戰爭的點火機制

臺海情境對映：如何從科索沃戰爭讀出臺灣危機？

科索沃模式為臺灣敲響幾個重要警鐘：

對比項目	科索沃情境	臺海潛勢
區域衝突初期	地方叛亂、中央鎮壓	臺灣主權訴求、北京軍事壓制威脅
外部介入理由	人道干預	印太秩序、防止侵略、保護民主
軍事行動模式	高密度空襲、基礎設施摧毀	飽和飛彈打擊、資訊封鎖、斬首作戰
媒體操作角色	輿論施壓促成軍事介入	國際輿論可能成為壓迫或保護力量
國際組織角色	聯合國被迴避，北約主導	聯合國可能無能，美日聯盟、印太小多邊機制主導

從這些對比可以看出，一旦臺海危機升高，不論是中國對臺發動行動，還是國際介入與否，資訊戰與輿論操作的重要性將與軍事行動等量齊觀。而「有限介入」與「快速壓制」將成為主流戰爭模式，而非傳統意義上的大規模戰爭。

結語：點火機制不是事件本身，而是結構失控

科索沃戰爭教訓我們，戰爭的起點未必是一場重大襲擊，而可能是：

第四章　臨界點出現：模糊破局與戰爭催化劑

- 一場談判失敗；
- 一段未控管的輿論浪潮；
- 一個國家內外失衡的決策節奏；
- 一次對外界耐性與反應力的誤判。

臺灣若要避免步入科索沃式的災難，必須從今天起：

- 建立堅韌的國內外訊息戰體系；
- 確立危機臨界點下的應變機制；
- 主動設計能讓盟邦在初期即投入的戰略選項；
- 保持彈性，避免在事件升高初期失去話語權。

因為一旦事件進入失控狀態，即使初衷是避免戰爭，結果也可能是被戰爭吞沒。

第五章
兩岸的動員體系與軍力前置部署

第五章　兩岸的動員體系與軍力前置部署

第一節　中國軍改後的作戰思維與登陸配置

軍改的核心目標：品質化轉型與戰略進攻準備

2015 年起，中國啟動「深化國防和軍隊改革」，目標不再是單純提升火力或人數，而是徹底改變整體作戰邏輯。軍改聚焦於：

- 中央集權指揮：軍委領導，戰區作戰，部隊建設由兵種主管；
- 戰區制度重構：以地理劃分，東部戰區專責對臺方向；
- 兵種聯合化：海軍、空軍、火箭軍、戰略支援部隊跨域協同；
- 數位戰場整合：推動指管通情（C4ISR）一體化作戰網路。

軍改的目的十分清晰：打破傳統陸軍本位主義，構建能跨域聯合作戰、快速投送與資訊優勢主導的軍隊。

臺灣，則是這套新軍改邏輯的第一個作戰假想對象。

登陸作戰思維轉變：從持久戰到速決壓制

過去解放軍設想臺灣作戰時，偏向於「登陸後持久作戰」模式。但現今，隨著軍改後新型部隊成形，戰略思維已轉向：

- 前期資訊癱瘓：以網攻、電磁干擾與火箭軍打擊癱瘓臺灣指揮網絡；

第一節　中國軍改後的作戰思維與登陸配置

- 快速空降滲透：空降兵、直升機突擊旅直襲指揮中心與重要機場；
- 局部登陸奪灘頭堡：以兩棲旅搶灘少數目標，快速建立戰術縱深；
- 斬首式行動為主體：專攻指揮體系、政治中樞與重要防衛節點；
- 戰場心理作戰同步進行：資訊戰結合軍演、假訊息癱瘓臺灣社會意志。

這套「速戰速決」模式，目的在於在 48 小時內破壞臺灣防禦體系，壓制國際社會介入窗口。

登陸力量構成與戰術重點配置

在新軍改體系下，解放軍對臺主要登陸兵力配置與模式為：

1. 兩棲合成旅
海軍陸戰隊主力，裝甲突擊車與氣墊艇結合，快速搶灘。

2. 空降突擊旅
以大型直升機群（如運 -20、直 -20）搭載特戰單位，滲透臺灣中南部腹地。

3. 重裝合成旅
地面推進部隊，快速鞏固登陸點並向城市推進。

4. 火箭軍第一擊

東風系列中短程飛彈飽和打擊雷達站、空軍基地與指揮中心。

5. 無人作戰集群

使用大量無人機進行偵察、反雷達壓制與通訊癱瘓行動。

潛在登陸區域聚焦於：

- 桃園觀音－大園濱海；
- 臺中外埔－龍井沿線；
- 嘉義東石；
- 高雄興達港一帶。

這些地區地勢平坦、道路直通內陸，有利於迅速擴張戰線與壓制都市區。

軍事演習常態化與動員前置部署

為了實現「動員即開戰」的戰略，解放軍將大量平時演訓與戰時部署結合，形成「模糊部署模式」：

- 福建沿海舟山群島、廣東沿海軍港演訓常態化；
- 東部戰區頻繁模擬聯合登陸與火力突擊作戰；
- 北斗衛星系統與天基無人監控布建完成；
- 網路戰與心理戰部隊輪流進行戰場預演。

第一節　中國軍改後的作戰思維與登陸配置

這種前置動員方式，使得未來一旦北京下令，僅需將「演訓強度提升」就能無縫轉入實戰狀態，大幅縮短臺灣及盟軍的預警與應變時間。

結語：軍改不是單純強軍，而是預設開戰

中國軍改的真正意義，在於：

- 把「傳統防禦型軍隊」轉變成「戰略突擊型軍隊」；
- 把「大規模持久戰模式」轉變成「資訊主導的速決戰模式」；
- 把「地面推進」轉變成「海空聯合壓制與政治瓦解」。

對臺灣而言，這代表：未來的臺海戰爭將不是單純的海上攔截與灘頭防衛，而是一場資訊封鎖、政治癱瘓與心理瓦解的超限混合戰。

若仍以傳統「守灘」、「打城」的思維準備臺海防衛，將無法有效應對一支已經完成軍改、能夠快速切割臺灣社會神經中樞的解放軍。

我們必須將防衛重點轉向早期警戒、節奏控制與資訊韌性，否則一旦開戰，可能在 48 小時內失去反擊與外交操作的空間。

第五章　兩岸的動員體系與軍力前置部署

第二節　臺灣全民防衛體制的瓶頸與補強

全民防衛的概念與歷史根基

臺灣自冷戰以來即採行以徵兵制為基礎的全民防衛體制，其核心思維來自於第二次世界大戰後西方對小國生存戰略的再思考。這種「全民皆兵」的理念，並非僅止於軍事人力的擴張，而是一種將國防意識植入公民日常的戰略型體系。以色列、芬蘭、瑞士等國的例子顯示，面對潛在的存亡危機時，建立全民具備基本軍事訓練與危機反應能力，是民主社會自我防衛的關鍵機制。然而，臺灣歷經數十年的兵役縮減與社會價值轉變，「全民防衛」逐漸成為政策口號多於實質運作的防衛實力。當前的局勢顯示，若爆發跨海登陸戰爭，僅靠常備部隊恐難以全面應對，真正的社會韌性需重新整建。

現行兵役制度的矛盾與挑戰

臺灣的義務役從原本的兩年縮減至四個月，再度於 2024 年調整回一年，反映了社會對兵役制度的長期不信任與不安。這一調整雖具政治回應意義，卻未實質解決基層訓練不足、役期訓練內容過時等問題。相較於以色列的役男役女制度與退伍後持續後備演練的規劃，臺灣役男訓練大多停留在步槍射擊、戰備常識與體能操練，對於現代戰爭所需的電子戰、無人機操作、

第二節　臺灣全民防衛體制的瓶頸與補強

資安防護等新型技能幾乎未涉。根據國防部資料，後備軍人每年訓練天數不到五天，難以形塑有效的戰時動員網絡。全民防衛體系若無與時俱進，便容易在真正戰爭發生時成為「紙上編制」。

社會結構與國防認同的斷裂

全民防衛體制運作的基礎，不只是制度設計，更在於社會共識的形成。根據 2023 年臺灣民意基金會調查，有高達六成的青年不願意在戰時主動參戰，顯示國防意識與個人風險認知之間的嚴重落差。這種現象源於長年和平環境下對戰爭的「非我族類」想像，也與教育體系長期缺乏戰略安全素養培養有關。進一步來看，年輕世代對國家與個人之間的責任連結日益鬆動，使得全民防衛在價值層面遭遇斷裂。瑞士的全民役訓與社會服務相結合模式、日本的防災教育納入國小課程等作法，皆可作為臺灣重建國防文化的參考。唯有透過教育、公共傳播與地方組織的整合，才能讓全民防衛從動員機制轉化為日常文化實踐。

非傳統戰力的整合與擴編

面對 21 世紀的混合戰威脅，全民防衛體系不能再僅限於傳統步兵模式，而必須廣納科技人力、醫療體系、基礎建設維護、心理衛生等多元領域的參與。以 2022 年烏克蘭戰爭為例，資訊工程師、民間通訊技師、地方醫療志工、社群媒體操盤手等非軍職人員皆在國防中扮演關鍵角色。臺灣擁有全球數一數二的

半導體產業、高教育水準與高密度的科技從業人口，應透過制度性手段將這些人力納入防衛網絡中。例如可建立「科技役」、「防災役」與「資訊防衛民兵隊」，並透過市政府或縣級單位編成地方韌性聯防隊。這樣的改編不僅減輕正規部隊壓力，也讓戰爭防衛更貼近社區與生活場域。

結語：全民防衛的新典範轉移

要從根本上突破臺灣全民防衛體制的瓶頸，需從「政府主導」的上對下指揮體系，轉向「社會自我組織」與「混合型戰力」的共同體概念。這種典範轉移的核心在於賦權予地方、啟動社區、增強市民行動能動性，並引導全民理解戰爭不只是軍人之事，更是每位公民的生存課題。未來的全民防衛設計不僅應考量戰時效率，更應考量和平時期的教育、訓練與心理調適。從法規設計、資源分配到文化建立，唯有全方位改革，臺灣才有可能真正建構一個足以抵禦現代戰爭的韌性島鏈。

第三節　美軍對臺
「戰略武器輸出」的節奏與設計

軍售即戰略：美臺軍事合作的歷史脈絡

美國對臺灣的軍售政策，歷來不只是武器交易，更是地緣政治的策略表述。自 1979 年《臺灣關係法》通過以來，美方對臺軍援逐漸從「嚇阻性提供」過渡到「功能性升級」。從初期的防空飛彈、主力戰車，到後來的 F-16V 戰機、愛國者三型飛彈系統與海馬斯多管火箭，美國的軍售節奏緊扣著臺海緊張局勢的節點。此種節奏不僅反映美國對中國戰略行動的回應，也展現其對臺灣防衛自主性的塑造與引導。軍售即戰略，意謂著武器類型、交貨時間與技術轉移程度，皆是政治訊號的投射與軍事資源的分配邏輯。

採購與部署的時間差：戰略模糊的雙刃劍

臺灣在接收美方軍售時，面臨的不僅是財政壓力，更有「部署時間差」的戰略挑戰。以 2022 年簽署的 M142 海馬斯火箭系統為例，交貨時間最早預估為 2026 年，使得這些關鍵裝備無法即刻發揮嚇阻效能。美國藉由分散交付節奏，確保對臺影響力的長期滲透，但對於臺灣而言，這也造成戰力整備的空窗期，無法與中國快速軍事動態對等升級。此外，某些高科技武器在

第五章　兩岸的動員體系與軍力前置部署

進入臺灣後,操作與維修仍需依賴美方技術人員,導致自主戰力建構有限。戰略模糊在軍售層面上的運作,正是美臺關係既緊密又脆弱的表徵。

技術門檻與使用權限的政治限制

即便臺灣獲得最新武器,實際運用上仍常受限於美方設下的技術門檻與操作授權。例如某些飛彈系統需美方協助標定目標座標,或須在美軍授權情況下才能啟動關鍵防衛程式。這種情況在軍事術語中稱為「有限主權武器體系」,表面上增強防衛能力,實則在操作主權上被技術架構鉗制。這也反映出臺灣在安全議題上的「受援與被動」困境,即便不斷提高國防預算,也未必能換來真正意義上的防衛自主。對此,臺灣需慎思如何在依賴軍售之餘,發展本土防衛科技能力。

節奏中的戰略訊號與地緣回應

美國對臺軍售的節奏,往往也作為對中國戰略行動的回應信號。例如 2020 年以來,在中國多次繞臺軍演、戰機擾臺次數激增背景下,美國加快對臺軍售通過程序並公開強化「不對稱戰力」的部署支持。這些行動不僅向中國傳遞威懾訊息,也穩定臺灣內部對盟邦支援的信心。但反過來說,過度公開與頻繁的軍售消息,也可能迫使中國調整軍事部署進而升高區域緊張。軍售的節奏不單是後勤運輸問題,更是外交訊號與地緣政治力量校準的工具。

結語：從依賴走向自主的可能路徑

若觀察以色列與南韓的軍事發展經驗，兩國皆在初期倚賴美方軍援之後，逐步建立自主軍工體系，透過科技研發、國內兵工整合與國際合作，提升自身戰力與出口能量。臺灣應在軍售中爭取更多「共同研發」與「產業轉移」條款，將進口轉化為創新資本。此外，也應思考如何整合產官學界資源，推動無人機、衛星系統、電子戰技術等未來戰力項目，從「買武器」走向「做武器」。只有在戰略節奏中提升自主能力，臺灣才能在不對稱作戰的現代戰場中真正穩住生存縫隙。

第四節　調兵動員與社會預警的心理管理

動員體系的戰略定位與現實落差

戰爭的開始往往伴隨動員的節奏，但臺灣目前的調兵體系依然高度倚賴常規命令與層層彙報機制，使得緊急狀況下的快速反應與動員效力打折扣。現行的後備軍人動員架構偏重紙本編列，缺乏數位化整合與區域協調機制，導致指令下達至實際編組之間存在巨大落差。此外，民間單位與基層社區在戰時支援角色未明，缺乏實戰演練經驗，也讓整體動員能量停留在形式層面。若面臨突發性攻擊，例如飛彈突襲或電子封鎖，現行

第五章　兩岸的動員體系與軍力前置部署

體制極可能陷入「命令無法即時執行、動員無法迅速完成」的雙重困境。

動員與社會節奏的同步挑戰

現代社會節奏快速且多元化，民眾生活形態與就業方式高度自由，使得傳統的動員方式與社會節奏嚴重脫節。例如，分散工作的自由業者、遠距工作的科技人員或高齡化社區居民，在戰時可能無法迅速納入既有的動員模式中。動員計畫若無法因地制宜、依人設計，就難以形成真正有效的戰時支援網絡。臺灣應設計區域性「分級動員方案」，針對不同年齡層、技能背景與居住位置，進行平時編組與定期演練，以補足現有制度的不足。否則，在危機爆發時，動員將無法與社會節奏同步，形成資源與人力錯置的空窗期。

預警機制與群眾心理的反應模型

戰爭來臨的前兆並非總是明確顯現，而即便有預警，如何讓社會有效接收與回應，則是更艱鉅的挑戰。臺灣目前雖有空襲警報系統與災防警訊系統，但面對假訊息流竄、通訊中斷或人為操作失誤，預警傳達極易混亂。過往重大天災或疫情爆發期間，群眾心理反應往往呈現「過度恐慌─資訊真空─非理性行動」的模式，這一經驗可作為戰時心理管理的預演教材。政府須建立跨部門危機心理應變機制，並預先訓練媒體與地方領導人

第四節　調兵動員與社會預警的心理管理

應對突發事件的溝通能力,才可能在戰爭爆發初期,穩定社會情緒,減少不必要的恐慌傳染。

心理韌性的建構與預防性訓練

心理防線的堅實程度,往往比武器裝備更影響一場戰爭的初期勝負。民眾若無法迅速從日常心態轉換為戰時應對,極可能陷入驚慌、逃避或被動等待的心理陷阱。近年烏克蘭的經驗顯示,心理韌性可透過平時訓練與公共教育建立,包括危機應變課程、模擬演習、家庭防災包準備等。臺灣應積極將「戰時心理素養」納入國中小與高中教育,培養從小即能理解風險、學習應對、具備求生技能的世代。同時,亦需設立心理輔導專線、災難心理諮商志工隊等,在戰時提供快速心理支援,降低集體心理創傷的擴散風險。

結語:強化社會信任與動員效能的連結

動員與預警的最終目的,不在於調集人力或發布警訊,而是維持社會整體運作的連續性。要做到這一點,關鍵在於建立高度的社會信任與制度信賴。當人民相信政府指令、信任媒體訊息與相互支持,才可能形成「自下而上」的補位式動員。因此,戰時政策傳達不應只是技術性行動,而是政治與心理的雙重建設。臺灣可以透過「社區協力演練」、「地方政府與軍警聯合應變計畫」、「開放式預警資訊平臺」等方式,強化民眾參與感與

動員信任度。唯有如此，臺灣的調兵與預警體系，才能在危機時刻真正轉化為抵抗能量。

第五節　案例分析：1973年贖罪日戰爭的動員閃擊術

意外中的準備：以色列的戰爭警覺困境

　　1973年10月6日，正值猶太人一年中最為莊嚴的節日——贖罪日，以色列在全民休假與宗教活動的氛圍中，遭遇敘利亞與埃及聯軍協同發動的大規模突襲。兩線戰火從戈蘭高地與西奈半島迅速蔓延，令以色列面臨前所未有的戰略壓力。雖然情報部門早已掌握部分阿拉伯國家軍事集結的動向，然而高層決策者基於政治判斷與既定思維，錯誤預設「對方不會主動挑起戰端」。這種戰略自信使得警報遲延發出，戰備部署未及更新，導致國軍初期陷入措手不及。這起事件突顯即便是擁有高度戒備與戰爭經驗的國家，若未能時時保持對戰略情勢的靈活評估，也會落入認知上的盲區與災難性後果。

動員體系的韌性：預備役制度的臨戰運作

　　儘管在戰爭初期遭遇戰略誤判與突襲重創，以色列卻能在短短數日內完成大規模兵力召集並逆轉戰局，仰賴的正是其長

第五節　案例分析：1973年贖罪日戰爭的動員閃擊術

期建立的全民兵役制度與高度靈活的預備役動員體系。成年男女在服役後即登錄為預備役成員，並透過每年例行軍訓、專業分類與地區編組，保持戰時可立即調用的狀態。戰爭爆發後，以色列國防部透過廣播、電話、地方警政系統，於24～48小時內完成超過10萬人次的快速動員，其中許多人從遙遠地區火速歸營。即便正值贖罪日，全民自發應召的速度與效率，顯示軍民結合、制度設計與文化共識三者整合的成功典範。臺灣若期望建立有實效的全民防衛，必須深度思考預備役規劃的科學性與行動力。

社會心理的調整與戰時意志重整

戰爭發生當日，以色列社會一度陷入震驚與混亂，但社會心理並未持續崩潰，原因在於該國長期透過教育、媒體與家庭文化所內化的危機意識。學校停課即轉為避難所，地方民防體系即刻進入應變狀態，社區領導人主動召集物資與志工支援傷患。媒體在政府授權下發布統一訊息，避免恐慌蔓延，同時提供戰況說明與行動指引。此種系統性社會調整能力並非臨時訓練所能達成，而是透過長年累積的公民教育、災難模擬與信任機制逐步建立起來。以色列的經驗顯示，一個社會若在平時即做好心理準備、資訊演練與集體回應設計，即便面臨突發戰爭，也能維持社會有序與公民合作，這對於同樣位處戰略前線的臺灣而言，具有重要的警示與參照價值。

第五章 兩岸的動員體系與軍力前置部署

動員後的戰術反擊與資源調配

當大規模動員完成後，以色列迅速將兵力部署於北部戈蘭高地與西部西奈半島兩大主戰場。北線空軍集中攻擊敘利亞裝甲部隊，有效延緩其攻勢；南線則採取戰術性撤退誘敵深入，再以地面與空中合擊策略進行包抄與反攻。這種靈活的戰術布局與即時兵力調度，背後依賴的不僅是軍事專業，更是後勤管理、通訊協調與政府高層的果斷決策。以色列同時啟動與美國的軍援管道，迅速獲得彈藥、油料與先進武器補給，使得戰力在初期挫敗後不至於崩解。整體而言，動員只是第一步，戰場指揮、資源分配與持續作戰能力才是扭轉戰局的核心。這一戰例對臺灣意義重大，顯示面對敵軍可能以速戰速決為目標的攻擊，只有提前部署、彈性調度與後備力量融合，才可能將最壞的局勢翻轉為戰略契機。

結語：動員的速度決定存亡

贖罪日戰爭是現代戰爭史上一個極具啟示性的案例，它說明即便在戰略情報出現失誤、決策錯估敵情的情況下，若國家具備靈活高效的動員系統與堅實的社會心理支撐，仍有機會從困境中絕地反擊。臺灣作為高度受矚目的地緣衝突熱點，應深刻反省自身動員系統與社會防衛文化的可用程度。尤其面對可能「短時間、快速壓制」的敵方戰略模式，建立能於 48 小時內

第五節　案例分析：1973年贖罪日戰爭的動員閃擊術

完成後備動員、軍政通訊與地方協調的整合平臺至關重要。同時，也應從教育體系、社區組織與地方治理中積極推進危機心理素養訓練，提升全民應變能力。在今日多層次戰爭威脅下，動員的時間不只是戰術層面的衡量，而是國家生存與否的臨界線。

第五章　兩岸的動員體系與軍力前置部署

第六章
經濟就是戰爭：
資本鏈、半導體與能源風險

第六章　經濟就是戰爭：資本鏈、半導體與能源風險

第一節　台積電與「矽盾」的保護與詛咒

臺灣矽島的戰略地位與矛盾現實

　　臺灣半導體產業尤其以台積電為核心的全球供應鏈地位，使其在國際局勢緊繃時被視為「全球不可替代的戰略資產」。所謂的「矽盾」理論，主張世界各國出於對晶片依賴而不願見臺灣發生戰爭，因此半導體反而成為戰爭的抑制力量。然而，這面矽盾的兩面性也逐漸顯露：當台積電成為全球戰略目標，也可能因此成為對手優先打擊的對象。在極端情境下，關鍵設施如新竹科學園區、南科園區不僅可能被摧毀，更可能引發全球晶片斷鏈危機。臺灣的產業集中性、供應鏈複雜性及對外依存度，使得這一張矽盾，既是護身符，也是潛在的引爆點。

地緣科技的交鋒與台積電的國際困局

　　從美中科技對抗到歐洲自建供應鏈政策，台積電成為各大強權企圖「去風險化」戰略中的核心目標。一方面，美國積極推動《晶片與科學法案》（CHIPS and Science Act），要求台積電赴美設廠並技術分享；2025 年，美國總統唐納・川普重返政治舞臺後，進一步揚言將透過高額關稅與補貼槓桿迫使台積電在亞利桑那州擴大投資，並建立完整封閉供應鏈，作為對中技術脫鉤戰略的一環。另一方面，中國則強化其「中國製造 2025」與

第一節　台積電與「矽盾」的保護與詛咒

「半導體自主化」政策,加速挖角人才與仿製技術。台積電處於這兩大體系的拉鋸中心,在維持中立與全球客戶信任的同時,也承受極高的壓力。若戰爭開打,台積電無論是否成為攻擊對象,其生產中斷都將造成全球經濟震盪,影響範圍遠超臺灣本島安全本身。

產業集中與戰略脆弱性的悖論

目前全球高階製程晶片九成以上由台積電製造,這種極端集中雖展現技術優勢,也帶來戰略風險。當戰爭來臨,產能轉移不及、備援設施不足、核心人才外流等問題將迅速浮現。即使部分晶圓廠設於海外如亞利桑那、日本熊本等地,但目前規模與製程能力仍難取代臺灣本部位階。專家指出,真正的「矽盾」必須來自韌性設計,而非產能堆疊;當一座島嶼承載過多全球關鍵技術,戰略壓力將隨之倍增。臺灣亟需考量如何分散風險、強化災後重建與關鍵技術備份,否則面對戰爭與制裁的雙重風險,將步步驚心。

技術依賴與外交槓桿的轉化可能

雖然台積電的技術獨特性提供臺灣在國際上的話語權與戰略價值,但這種依賴性亦可能轉變為對臺灣自身安全的制約。當台積電被視為世界產業的「生命線」,其正常運作需仰賴和平、穩定與國際信任,這種環境一旦崩解,企業將陷入無法自

第六章　經濟就是戰爭：資本鏈、半導體與能源風險

保的處境。臺灣應思考如何將這種依賴轉化為槓桿，例如推動「科技外交」、與盟邦共同建立供應鏈韌性條款，讓半導體安全等同於國際安全，進而提升戰略連結的密度與穩定度。如此一來，台積電的地位才能不只是風險負債，也能成為談判與合作的主動資產。

結語：從技術堡壘到制度聯盟，重建矽盾的新定義

未來的「矽盾」不能只是單點設施的技術保護，而必須轉化為整體社會制度、法規協調與盟邦共同應對機制的總體設計。這包括保護臺灣技術人才、設計多點生產與備援機制、簽訂晶片協定等手段，讓半導體從孤立優勢變成聯合韌性。臺灣若能領先提出「科技安全協定」、「關鍵產業多國備援條款」等政策，將能翻轉自身脆弱性的形象，建立起真正可長可久的戰略矽盾。此舉不僅對外展示臺灣作為供應鏈中心的誠意與決心，也對內強化社會對戰時經濟穩定的信心，讓科技不再只是戰略對象，更是和平保險的資本。

第二節　供應鏈即戰線：從航運封鎖到金融封鎖

全球化供應鏈的雙面性

全球化讓世界經濟體彼此緊密連結，也讓供應鏈成為一場戰爭的延伸戰場。臺灣長年以來受惠於全球分工模式，特別在高科技產業中，形成從材料、晶片到組裝輸出的完整鏈條。然而這種效率極高的體系，在戰爭風險下卻變得異常脆弱。以運輸航道為例，臺灣若因戰爭導致臺灣海峽或巴士海峽封鎖，全球數位產品、汽車、醫療設備等供應都將受到嚴重衝擊。戰爭不再只是飛彈轟炸，更可能是一艘貨輪被截、一筆原料被卡、一條保險線被撤，戰爭從來都不是單一戰場的對決，而是供應線與金融管道的同步較量。

此外，全球化也讓企業對時間敏感度提高，導致「即時生產」(Just-in-Time) 制度成為主流。雖然提升效率與庫存管理能力，但在面對封鎖與中斷時也特別脆弱。一旦關鍵材料延遲一天、港口作業延後數小時，整條生產鏈就可能停滯數週。這讓企業不再只是經濟主體，而成為國家戰略穩定的第一道防線，也讓臺灣作為全球科技供應核心的角色處於戰爭爆發時最前線。

第六章　經濟就是戰爭：資本鏈、半導體與能源風險

航運封鎖作為戰略武器的回歸

臺灣所依賴的國際航運體系，其實一直是潛在的戰略要害。過去二戰與冷戰期間，對手國即常利用航運封鎖達成「無聲圍城」。現代戰爭中，這種手段重新獲得青睞──2022年俄羅斯入侵烏克蘭後，黑海港口的封鎖對全球糧食供應產生巨大衝擊，即是一例。對臺而言，南北兩端的主要商港若遭封鎖，將立刻造成原油、天然氣、糧食與工業材料斷鏈，導致民生與工業癱瘓。

尤其值得警惕的是，航運封鎖不必然是全面封港，僅需持續性干擾、模擬封鎖或針對性攔截，就足以引發保險公司調高保費、航商改線避險，進而拉高營運成本、拖慢整體運輸節奏。在沒有有效海空優勢保障下，航運線就是國家生命線，如何建立替代航線、分散儲備機制與加強遠洋艦隊防衛，已是戰略層面的優先課題。

金融體系的戰時脆弱性與制裁風險

供應鏈不僅限於實體物流，資本流動同樣是戰爭壓力下最易中斷的生命動脈。當戰爭來臨，國際金融體系的運作將立刻受到衝擊，保險公司可能拒保戰區貨運，貿易融資將凍結，外資撤離造成匯率暴跌。若臺灣遭遇如 SWIFT 系統限制、跨境結算中斷，則大量企業無法收付款，經濟活動將瞬間凍結。

第二節　供應鏈即戰線：從航運封鎖到金融封鎖

此外，臺灣企業高度依賴美金、人民幣與日圓等外匯體系，戰時若其中任一被國際市場排除，勢必造成大規模交易障礙。在金融資產遭到國際制裁時，商業活動瞬間變成政治行為，對企業來說將極大擾亂商業穩定性。金融戰也將成為戰爭初期的「非軍事開火」階段。因此，建立多元支付結算網絡、外匯避險工具與數位貨幣通路，將是臺灣面對「經濟戰爭」的必要準備。

關鍵產業備援與區域供應重構

當供應鏈被視為戰線，國家戰略就不能只看本土產能，而要考量區域協作能力。2020年疫情時，許多國家發現高度仰賴單一來源的風險，因此推動「供應鏈韌性聯盟」，臺灣應在戰爭陰影下加快這項合作。例如與日本、韓國、東南亞簽署應變協議，確保緊急時刻可分流製造、共用資源。

此外，政府應主動盤點本地企業的產線依賴程度與區域分布，並依不同產業設計災害模擬與供應中斷風險表。國內則應強化民間儲備機制，重新設計工業區間物流線，提升地方政府在戰時的自主應對能力。只有將供應鏈視為防線，並以分散、彈性與合作取代集中、依賴與封閉，才能在經濟戰中維持基本存活條件。

第六章　經濟就是戰爭：資本鏈、半導體與能源風險

結語：「經濟防衛線」的思維轉型

面對現代戰爭模式的轉變，臺灣必須從傳統「後勤補給」邏輯，邁向「戰略供應鏈安全」思維。這不只是企業責任，更需由政府牽頭建立跨部門的經濟防衛體制。包含：設定戰略物資與儲量標準、建立快速切換的產能平臺、加強戰時物流指揮權與緊急金融應變中心等。

政府亦應培養供應鏈風險專業人才，設立「供應鏈安全辦公室」，與科技、交通、金融、農糧等部會協作，共同推動國家級風險模型建立與調控政策。同時，與民間企業建立公開透明的戰時經濟資訊通報機制，防止恐慌與信任崩解。經濟即戰場，供應鏈即防線──唯有將經濟體系視為國防的一部分，臺灣才能在混合戰與灰色地帶衝突中站穩腳步。

第三節　資產轉移、企業避險與市場撤離機制

危機中的資產保全戰略

戰爭爆發時，實體資產與金融資本皆首當其衝，企業與高資產個體會傾向快速轉移財產，以規避戰爭風險。臺灣企業多以本土生產基地為主，資產集中於不動產、設備、原物料庫存等戰時極易成為攻擊目標的項目。在面對軍事威脅時，若無預

第三節　資產轉移、企業避險與市場撤離機制

先規劃轉移機制，如信託帳戶、海外控股、雙重總部制度等，將導致資產凍結、價值蒸發，乃至整體企業陷入停擺。根據過去如敘利亞、南斯拉夫等地區戰爭經驗，大量企業因來不及轉移資產而被迫停業甚至破產，證明戰爭風險管理不能停留在危機發生後的補救階段，而需預先部署。

全球布局與財務多元化的必要性

企業若欲在戰時保有生存能力與營運彈性，必須將財務與資產配置全球化。具備多地營運據點的企業，能有效分散戰爭風險與地緣限制，並透過外國銀行系統保持資金流動。部分臺灣大型集團早已設立新加坡、越南或美國作為營運備援基地，平時即以控股公司管理資產，有效降低集中風險。同時，企業應結合跨幣別帳戶、多幣結算、保險信託等財務工具，打造可在數位金融戰中維持基本操作的結構。此外，企業應與國際會計與法務團隊建立「戰時金融協定」，預先定義緊急授權、資產解凍與法律救濟的應變流程。

撤離機制與產業遷移的難題

市場撤離不僅是企業單方面的行為，更涉及供應鏈整體協作結構。在戰爭前夕，部分外資企業會基於安全評估與保險壓力撤出臺灣市場，造成本地產業鏈出現空窗。撤離若無序，可能導致技術失傳、供應中斷與大量失業。例如俄烏戰爭爆發初

期，數百家西方企業退出俄羅斯，留下大量爛尾資產與失業問題，為當地經濟帶來極大衝擊。對臺灣而言，應提前建構「撤離協定」與「臨時商業管理法規」，明確定義外資離場、內資承接與人才流動的責任機制，減少恐慌擴散與勞動市場震盪。

企業避險的道德爭議與政策引導

企業在戰時避險行為往往會受到輿論與政策雙重審視。例如部分企業若被視為「趁亂轉移」或「未盡社會責任」，可能遭遇信譽打擊與市場杯葛。政府應思考如何透過政策與稅制設計，引導企業在避險同時保有社會責任感。舉例而言，針對撤離資產是否提供優惠稅率、對持續營運的企業是否提供保險補助與特別融資等，皆可納入政策工具。以色列與芬蘭過往即設有「戰時營運獎勵條款」，對於不撤離的戰略產業給予額外保護與公共認可，臺灣亦可借鑑類似作法。

結語：建構彈性市場的制度基礎

整體而言，面對戰爭威脅下的資產轉移與企業避險行為，政府需從制度層面設計出一套既允許靈活操作、又保障整體經濟穩定的政策框架。這包括：設置企業緊急遷移審議委員會、推動彈性營運法規、建立公私協作的產業資產平臺、強化企業金融透明度與誠信評分系統等。臺灣作為開放經濟體，既須保障市場運作自由，也須避免戰時投機擾亂根基。唯有透過前瞻

制度設計與政府引導，才能使企業避險轉為國家韌性的一環，而非脫序逃避的破口。

第四節　戰爭保險、匯率崩解與投資心理瓦解

保險機制的瓦解與再建構

戰爭爆發對保險產業是極大的衝擊。從海運、物流、人身到企業財產保險，當戰區風險等級升高時，保險公司將迅速提高保費、取消保障條款，甚至拒保。臺灣若陷入戰爭邊緣，將面臨保單大規模失效的風險，進出口商、製造業、航空與貨運公司首當其衝。尤其「戰爭除外條款」將使得原有的理賠制度無法運作，進一步加重企業損失。政府若不提前設置戰時公共保險池、擬定強制保單轉換與再保制度，整體金融信任體系恐將一夕瓦解。

匯率崩解與資金逃逸風險

在戰爭陰影下，貨幣穩定性會成為資本市場最先反應的環節。根據國際貨幣基金組織（IMF）的統計，在歷次區域戰爭或軍事危機爆發前夕，本幣普遍出現20%～40%的迅速貶值。資金將優先流向美元、瑞士法郎等避險資產，而新臺幣作為開放市場中的地區貨幣，波動將劇烈上升。投資人信心崩潰將導致

第六章　經濟就是戰爭：資本鏈、半導體與能源風險

大量資金短期撤離，股市重挫與通膨雙重夾擊，形塑戰前經濟衰退的自我實現預期。此時若無足夠外匯存底、穩定機制與央行協調介入，金融系統將瀕臨崩潰邊緣。

投資心理的集體崩解現象

戰爭並非僅對硬體基礎設施造成損毀，其實更大衝擊存在於投資人的心理層面。風險預期與信任斷裂是市場失靈的根源。一旦社會瀰漫悲觀預期，投資人將全面採取避險策略：撤資、觀望、壓低風險敞口，進而引發連鎖效應。在 2008 年金融海嘯與 2020 年疫情初期皆出現此類集體反應，但戰爭恐慌的破壞程度遠高於經濟循環調整。特別是房地產、證券市場、創投圈等風險容忍度較高的資金板塊，最易出現「心理性撤資」現象，甚至優質資產也難逃波及。

戰時經濟穩定工具與心理干預策略

針對上述風險，政府需同步部署硬體與心理兩大層面的干預措施。硬體方面包括緊急資金穩定基金設立、央行外匯干預預備機制、對特定市場進行短期停市制度安排等。心理方面則需動員金融監理機關、主流媒體與財經專家同步發聲，避免不實資訊擴散與市場恐慌。以色列於 2021 年邊境危機期間即設立「金融信任小組」，透過每日簡報、信用評比透明與政策預告，

成功壓抑市場非理性反應。臺灣亦可借鑑，建立「市場心理穩定辦公室」，作為戰時經濟信心管理中樞。

結語：建構多層次抗震經濟的戰略藍圖

在戰爭邊緣行走的國家，不能只依賴單一部門應對經濟衝擊，而須建立一個多層次的「抗震經濟體系」。此體系包括戰時金融安全法、預防性風險揭露制度、銀行與投資機構的資本充足率強化計畫、以及企業風險預警平臺等。只有當制度面與心理面同時強化，臺灣才有可能在戰爭或準戰爭狀態下維持基礎金融與市場秩序。戰爭讓資本逃離，也讓信任垮臺，唯有提前設計韌性架構，方能讓經濟系統在動盪中保持基本功能。

第五節　案例分析：2020年美中科技戰的經濟對抗演化

技術封鎖的開端與華為事件

2020年，美中科技戰正式升溫，美國對中國科技企業展開一連串技術與資本制裁，華為成為第一個重要目標。美方以國安為由，限制華為取得使用美國技術的半導體與零組件，包含晶片設計、EDA軟體、製造設備等。這一動作不僅震撼全球供應鏈，也象徵著科技產業正式被納入地緣政治與戰略競爭的範

疇。台積電因其全球先進製程技術地位，亦被迫中止對華為的供貨，顯示臺灣企業已無法自外於科技戰的巨大壓力。

供應鏈斷鏈與技術脫鉤加速

自 2020 年起，美國陸續將中國科技企業納入貿易黑名單，包含中芯國際、海康威視、抖音母公司字節跳動等。這些行動導致企業無法再正常取得先進技術，迫使中國政府投入巨資推動半導體自主化。同時，美國政府推動企業將生產基地移出中國，並以《晶片與科學法案》吸引台積電、英特爾等企業赴美設廠。這種「供應鏈重組」與「技術脫鉤」雙軌並行，導致全球科技版圖快速重塑，也提高了臺灣等關鍵節點的戰略敏感性。

金融戰與資本制裁擴大效應

2021 年起，美國開始對中國企業採取金融限制措施，包括禁止美國資本投資中國軍工與敏感技術企業，並要求公開上市公司揭露更多營運資訊與政治風險。2022 年 SEC 對在美上市的中國企業啟動退市程序，掀起中概股大撤離潮。這類資本制裁雖未直接針對臺灣，但對全球金融市場產生寒蟬效應，使得高科技公司在資本操作與國際擴張時更加審慎，亦讓創投圈對於亞洲市場投資出現猶疑。

第五節　案例分析：2020 年美中科技戰的經濟對抗演化

晶片與 AI 戰場的擴張（2023～2025）

2023 年至 2025 年間，美中科技對抗焦點逐漸由 5G、晶片延伸至人工智慧（AI）、量子計算與太空科技。美國限制輝達（NVIDIA）對中國出口 AI 加速器晶片，並擴大限制中國取得高端運算資源與雲端平臺服務。中國則加強自研晶片與 AI 演算法發展，試圖繞過西方供應鏈。在此背景下，台積電、聯發科等臺灣企業被要求「選邊站」，使臺灣不僅是供應鏈的關鍵樞紐，也變成戰略壓力的直接承受者。

2024 年，美國再度強化晶片出口管制，並以國安名義審查對中 AI 投資案。至 2025 年，美國總統川普再次發表公開演說，批評中國 AI 技術威脅西方價值，並呼籲將所有關鍵科技從中國轉移至可信盟邦。這一政策主張已成為共和黨主要科技戰略論述，並影響全球資本布局。

結語：科技中立的困難與產業韌性再設計

面對持續升溫的科技對抗，臺灣必須正視「技術即戰略」的新國際秩序。過往依賴「中立供應者」角色已難以持續，台積電與其他科技巨頭必須在美中對立之間尋求生存空間。這需要政府出面協調「科技外交」，爭取技術自由化條件與供應鏈安全協議，同時協助企業進行市場多元化與產業備援。

此外，臺灣應建構「科技產業韌性系統」，包括備援製造基

第六章　經濟就是戰爭：資本鏈、半導體與能源風險

地、關鍵技術人才分散訓練、以及政策支持的研發基金，以降低單點技術集中與市場依賴風險。未來的戰爭不再只是軍事衝突，而是技術、數據、資本與供應的綜合戰爭。臺灣若不儘早建立科技戰略思維與產業安全框架，將在下一波衝突中失去主動與韌性。

第七章
資訊戰的先鋒：
認知與演算法之戰

第七章 資訊戰的先鋒：認知與演算法之戰

第一節 假訊息、深偽技術與數位干擾模型

假訊息的戰略運用與國家行為者崛起

　　假訊息已不再只是社群網路中的次文化現象，而是國家級認知作戰的重要工具。自 2016 年美國總統大選至今，多起資訊干預事件已證明，假訊息具備扭轉選舉、激化族群對立與破壞社會信任的強大潛力。臺灣作為資訊開放、民主透明的社會，尤易成為認知作戰的實驗場。據國防部統計，2023 年平均每日有超過三千筆來自海外的疑似假訊息流入臺灣社群，內容多涉及軍事部署、政治人物誹謗與疫苗政策等敏感議題。這些訊息往往結合「半真半假」、「情緒誘導」與「圖像加工」三種模式，使民眾難以辨識真偽，進而干擾政策討論與公共決策。

深偽技術（Deepfake）的滲透與心理操控

　　進一步而言，人工智慧生成的深偽技術已讓資訊戰從「文字操控」升級為「影像詐騙」。透過語音合成、臉部模擬與影像拼接，假影片可逼真模擬領袖發言、部隊演練甚至戰事爆發影像，使民眾在視覺衝擊下難以理性分辨。2024 年臺灣總統大選期間，社群媒體上出現多起以人工智慧（AI）技術製作的深度偽造影片，模擬政治人物聲音與影像，散布虛假資訊，引發社會關注，這些假訊息操作顯示出高階資訊戰手法對社會信任與輿

第一節　假訊息、深偽技術與數位干擾模型

論穩定的衝擊潛力。深偽技術已被敵對勢力視為低成本、高效果的心理戰工具，對國家治理與社會穩定形成新層次挑戰。

干擾模型的結構性設計

資訊干擾不再僅靠單點造謠，而是建構在演算法驅動、平臺推播與情緒機制交織的複合架構上。例如，一則具高度爭議性但尚未證實的新聞，若搭配社群平臺演算法偏好，即可快速被推升為熱門內容，吸引大量互動與模仿轉貼，形成迴聲室效應（Echo Chamber）。

在 2022 年臺中市長選舉期間，曾出現透過 LINE 群組傳播不實建設影片的情況，引發激烈的網路論戰與實體對峙事件。這些影片多數以誇大或虛構的建設計畫為內容，企圖影響選民對特定候選人的觀感。雖然臺中市政府曾澄清部分網路不實資訊，例如水湳國際會展中心的建設進度，但整體而言，這些不實訊息的傳播對選舉氛圍造成了一定程度的干擾。

此事件突顯了資訊戰不僅限於網路空間，更可能延燒至現實世界，對民主選舉產生實質影響。此類干擾模型經常運用「群眾心理偏誤」與「資訊超載疲勞」雙重技術，使公民在真假難辨中失去判斷能力，進而放棄參與公共討論。

第七章　資訊戰的先鋒：認知與演算法之戰

國家應變與數位鑑識體系建立

面對假訊息與深偽技術的泛濫，國家治理機制必須同步強化偵測、防禦與回應三大層面。首先，在技術端應發展深偽鑑識平臺，透過比對說話節奏、影像壓縮特徵與人臉細節等指標，協助媒體與民眾即時辨識假影像。其次，建立「假訊息預警系統」，整合通訊傳播頻道、社群互動與關鍵詞熱度，提前發現異常傳播行為並介入澄清。再者，應完善法規與司法體系，例如增設「數位影像偽造罪」、「認知攻擊意圖偵查條例」，賦予政府必要而有限的監督權。

結語：強化全民數位素養與媒體韌性

資訊戰的最終戰場並非技術，而是人心。國家的長期對策必須回歸教育與公民文化層面。教育部應將「媒體識讀」與「假訊息批判技巧」納入國中小與高中課程，提升學生從小辨識來源、比對訊息與懷疑思維的能力。同時，政府亦應支持非營利新聞組織與事實查核機構，建構具公信力的訊息澄清平臺。在重大危機事件中，應由媒體、公部門與民間組織共同啟動「資訊韌性小組」，確保第一時間提供準確、清楚與統一版本的說明，避免訊息真空讓假訊息趁虛而入。只有當整個社會具備辨識與對抗假訊息的素養與工具，資訊戰的前線才不至於成為最脆弱的破口。

第二節　網軍、社群平臺與認知戰的民間布建

網軍的組織化與演化歷程

網路作戰部隊，即俗稱的「網軍」，已逐漸從過去單一事件的輿論操控者，演化為具有系統運作、長期部署與跨境協調能力的資訊部隊。在臺灣，網軍不僅存在於政治陣營間的輿情攻防，也存在於境外勢力對本地輿論的滲透與引導之中。

自 2018 年以來，臺灣政府與非政府組織揭露多起由境外勢力操控的資訊操控行動，這些行動旨在打擊特定候選人或混淆公共議題。操作者利用匿名社群帳號、假新聞網站、AI 生成內容等工具，在網路上製造虛假資訊，進行認知操控。例如：台灣民主實驗室指出，中國大陸透過內容農場、社群媒體假帳號等方式，影響臺灣的選舉與公共討論，這些行動已具備規模化與持久作戰能力。

社群平臺作為戰爭延伸空間

社群平臺原為促進公民參與與言論自由的場域，然而在認知戰邏輯下，這些平臺也成為操控輿論的主戰場。以 Facebook、YouTube、LINE 與 Instagram 為例，臺灣用戶滲透率極高，是訊息傳播的主要管道，但也因此成為境外資訊操作的重災區。假帳號操作、網紅合作推文、私訊連結與演算法推播策略，使這

些平臺上的民眾極容易陷入同溫層資訊循環,進一步阻礙理性討論與民主審議。社群平臺若無有效認證與實名政策配套,極易被滲透利用,進而對民主體系造成持續性侵蝕。

民間布建與非對稱動員模式

資訊戰的可怕不僅來自政府與大企業的操作,更在於其可透過民間自然擴散形成「去中心化攻擊」。在許多情境中,一名受過訓練的社群意見領袖或數位行銷公司,即可在短時間內創造出大量輿情熱點與誤導訊息。這種非對稱動員模式依賴個人魅力、情緒感染力與話題操作技術,迅速在民眾中獲得信任並擴散,讓防線難以集中設置。甚至部分鄉民或社群管理員出於個人立場或酬勞誘因,無意間成為認知戰工具的延伸手臂。

臺灣目前仍缺乏對這類民間布建行為的制度化管理,政府雖曾研議《數位中介服務法》草案作為監管依據,但因涉及言論自由與新聞自律議題而未能順利推進。未來若無更完整的制度設計與風險評估機制,這種低成本、高彈性的認知戰手段將繼續侵蝕社會信任結構。

平臺治理與數位主權重建

為了應對社群平臺上資訊戰的滲透問題,政府與企業必須合作推動「數位主權」的重新建構。這不僅是伺服器設置或資料

第二節　網軍、社群平臺與認知戰的民間布建

儲存地的法律問題,更是平臺規則、內容審查與使用者資料保護的主權問題。臺灣可參照歐盟《數位服務法》(DSA)與《數位市場法》(DMA),要求大型社群平臺對不實資訊散播負起審查義務,並對 AI 生成內容進行標記管理。

此外,應加強地方政府與社區平臺的治理能力,例如設立地方數位觀察員制度,定期監測社群熱點與認知風險。同時設計跨國合作機制,與其他民主國家共同打擊跨境網軍行動,分享偵測技術與防範模式。這種「平臺治理外交」將是未來維護民主資訊環境不可或缺的戰略工具。

結語:民眾教育與網路文化自我修復

認知戰若要失效,其最終依賴的是民眾的自我免疫能力。政府除了立法與技術監控外,更應透過長期公民教育與網路文化重建工程,提升全民對資訊來源、平臺偏誤與認知操控技術的理解。包括中小學資訊素養課程設計、公民社團媒體工作坊、以及網路文化反思創作計畫,皆是重要支撐。

此外,可由公共電視與公共廣播體系製作「假訊息實境解析節目」,將典型案例具象化教學,提升觀眾的辨識力與自我檢核習慣。若網路平臺成為新時代的民主空間,那麼教育即是守護這塊空間的防火牆。唯有當使用者群體具備防禦能力,認知戰才無法乘虛而入,資訊社會的韌性才得以維持。

第七章　資訊戰的先鋒：認知與演算法之戰

第三節　從干預輿論到瓦解信任：民主國家的風險

認知戰對民主制度的結構性衝擊

在資訊戰的時代，干預輿論不再只是輿情引導或假新聞的散布，而是直接對民主制度的信任基礎進行侵蝕。民主政體的運作倚賴公民對資訊透明、選舉公平、司法公正等制度的基本信任，一旦這些信任遭到系統性操控與削弱，即使民主機制仍然存在，其實質功能也會逐步喪失。根據 2024 年皮尤研究中心（Pew Research Center）調查，全球民主國家的選民信任度指數出現全面下滑，特別在遭遇過境外資訊干擾的國家中下滑更為明顯。臺灣也不例外，曾有數據顯示，在假訊息流傳高峰期內，對政府與媒體的信任呈現顯著波動，證明資訊戰不只是技術或政治問題，更是民主穩定的生存挑戰。

當社會信任變成攻擊目標

認知戰的目標不只是影響個人觀點，更是瓦解群體信任與社會連結。以臺灣為例，2019 年開始的反滲透法討論便成為境內外勢力操作的重大戰場，社群上出現大量謠言，指控政府箝制言論、預備戒嚴，進一步激化藍綠對立與社會撕裂。這種操作模式反覆出現在選舉、疫苗政策、國防議題等領域，讓民眾

第三節　從干預輿論到瓦解信任：民主國家的風險

在高度情緒化的輿論環境中逐漸失去對制度的信賴。

根據多份學術與政策報告指出，2022年臺灣面對來自境外勢力的大量資訊操控，其中多數假訊息集中於政治議題，並以削弱公眾信任為主要目標。各界普遍認為來自中國的訊息攻勢最為頻繁且具系統性。這些假訊息常見策略包括：宣稱「政府隱瞞疫情或災情」、「媒體受控於特定財團或政黨」、「選舉系統已遭操縱」等懷疑論敘事，目的在於破壞民主社會中的信任鏈條，造成民眾對體制、媒體與政治人物產生普遍的不信任。

媒體機構與公共論壇的脆弱性

民主社會的資訊環境仰賴專業媒體與多元論壇，但在認知戰操作下，這些機構往往變成第一波攻擊對象。敵對勢力常透過「假新聞仿冒」、「片段影片剪輯」、「匿名爆料」等手段破壞媒體的公信力。若主流媒體缺乏快速澄清與修正機制，將讓整體新聞體系被汙名化、邊緣化。此外，社群論壇則因匿名性與平臺政策限制，成為謠言與情緒性發言的溫床。當媒體與論壇的可信度下降，公民將轉向無法驗證的「私人管道」獲取訊息，民主討論的品質與深度將全面萎縮。

民主防衛：制度設計與公民參與的雙軌策略

面對這樣的挑戰，民主國家必須同時啟動制度性防衛與公民社會強化兩條路線。在制度面上，應加快資訊透明法規與公

第七章　資訊戰的先鋒：認知與演算法之戰

民查核機制的完善，推動媒體責任與平臺監管的平衡架構。歐盟的《數位服務法》(DSA)與《反假訊息協議》已提供可供參考的治理模式。臺灣亦應考慮設立「資訊公信委員會」，作為跨部門與獨立監督的機構，處理認知戰攻擊下的公共應變。

在公民層面，則需擴大公民教育與媒體素養建設，將辨識假訊息、了解資訊來源與參與民主對話納入學校與社區教育內容。亦可由地方政府與公民團體合作，成立「社區資訊衛士」，培訓民眾作為第一線資訊過濾者與通報者。唯有制度與人民形成共構的防衛網，民主國家的韌性才不會因一場資訊戰而瞬間潰散。

結語：走在刀鋒上的資訊民主

臺灣是一個自由程度高、數位基礎強、社會活躍的民主體制，但也因此暴露於高度資訊風險之中。資訊自由與認知攻擊之間的界線模糊，讓政策制定者時常陷入「維護自由」與「防衛秩序」的兩難。這種矛盾正是敵對勢力最常利用的突破點。若政府干預過深，易被指控為打壓言論；若管理過鬆，又讓假訊息橫行。

然而，正因如此，臺灣也有機會成為全球認知戰防衛的示範國。透過跨黨合作、科技創新、公民教育與國際協作，臺灣可以提出一套民主國家在資訊戰下自我防衛的成功模式。未來的戰爭不再只在領土上爆發，而是在認知、信任與真實之間開戰。臺灣若能守住資訊民主的底線，不僅守住了國家，也守住了未來民主世界的希望。

第四節　資訊戰與軍事突襲之間的時差設計

認知操作與軍事行動的「時間差策略」

在當代戰爭型態中，資訊戰不再是軍事行動的附屬工具，而是獨立且領先的前置攻勢。敵對勢力往往透過資訊滲透與心理操控，在真正軍事行動發動前，提前癱瘓目標社會的判斷力與應變意志。這種「時間差策略」的核心在於：讓認知戰提前進入民心，進而降低對軍事行動的警覺與抵抗。這樣的戰法在 2014 年克里米亞併吞事件中首次被明確驗證，當時俄羅斯大量釋放假訊息與分裂言論，造成烏克蘭內部對危機認知嚴重失調，為後續軍事部署鋪平道路。

從群眾認知遲滯到政策錯判

資訊戰之所以能配合軍事突襲發揮最大效益，關鍵在於「群體認知遲滯效應」。這種效應讓社會多數人處於資訊混亂、真假難辨的心理狀態，進而延遲危機感形成。當人民尚在討論「是否真有戰爭」、「是否為誤會」之際，敵方軍事行動已快速成型並取得戰術先機。2022 年初，俄羅斯進攻烏克蘭前，儘管美國已多次發出預警，但烏克蘭國內輿論仍有相當多聲音認為「這是外交談判的煙霧彈」。這類政策誤判與群體懷疑，讓應對資源分配與防衛布署遲緩，間接導致初期失利。

第七章　資訊戰的先鋒：認知與演算法之戰

「低強度混合戰」與模糊開戰線

資訊戰與軍事突襲之間的時間差設計，也展現在「灰色地帶行動」與「低強度混合戰」中。這些戰法刻意模糊和平與戰爭的界線，利用非國家行為者、虛假旗幟行動、假情報等手段，使對手難以確定是否已進入戰爭狀態。舉例而言，敵對勢力可能在軍事行動發動前三週即透過社群媒體散布「臺灣總統逃亡」、「國軍兵變」、「美軍不援臺」等深偽影片與假新聞，配合經濟擾亂與通訊癱瘓，達到心理層面的全面瓦解。當正式開火那一刻，社會早已陷入信任崩解與應變癱瘓的狀態。

臺灣現況下的脆弱點與戰略應對

臺灣擁有開放資訊環境與高科技基礎，卻也因此暴露於時間差資訊戰的高度風險中。若無法縮短「資訊滲透至社會應變」之間的時差，則任何軍事預警與動員都將失去先發優勢。目前臺灣的預警系統主要以軍事雷達與空情監測為核心，但對於資訊戰所產生的輿論趨勢、假訊息流量與心理變化，尚缺乏即時偵測與統合分析系統。

應對策略上，建議政府整合國安、國防、通訊、教育與社會部門，成立「資訊防衛與戰略時差指揮中心」，每日監控社群趨勢、輿論突變與假訊息熱點，並定期發布「社會心理戰況簡報」，作為軍事決策與應變調度的參考依據。只有將資訊戰時差

納入戰爭計畫與社會韌性政策，才能在敵方心理操作下搶回主動權。

結語：壓縮時差、鞏固社會免疫力的戰略目標

未來戰爭的勝負，常常不再取決於火力多寡，而在於哪一方能先掌握資訊流動、控制群體認知與打破社會疑慮。臺灣應設定壓縮「資訊－反應－決策」三階段的時差為國安戰略指標之一，並將其納入全民防衛教案、新聞教育與數位素養訓練中。例如設計國防演習中的「資訊戰模擬環節」、建立中小學「危機思辨課程」與地方政府「假訊息應變守則」。

資訊戰與軍事突襲之間的時差，不僅是技術與決策的差距，更是社會準備與心理抗壓的實力競賽。當我們能夠同步應對假訊息與實體威脅、同步偵測心理風暴與戰術變化，那麼臺灣的整體防衛力才真正進入 21 世紀的複合戰場節奏。

第五節　案例分析：
2014 年烏克蘭顛覆戰的數位介入技術

地理與社會裂縫中的資訊先攻

2014 年，俄羅斯對烏克蘭的克里米亞併吞不僅是一場傳統軍事行動，更是一場高度整合的資訊戰與認知作戰。這場行動

第七章 資訊戰的先鋒：認知與演算法之戰

標誌著新型態顛覆戰的誕生：在軍隊進駐前，先透過大量資訊操作、輿論操控與社會分化，讓目標地區陷入認知混亂與制度麻痺。克里米亞地區原已存在地緣政治與語言族群的張力，俄方資訊作戰團隊利用當地對基輔中央的不信任、語言文化認同差異與歷史糾葛，建構一套政治敘事：「俄羅斯是保護者，烏克蘭是壓迫者。」這些敘事透過社群媒體、地方廣播與地下報刊密集傳播，形成群體認同撕裂與地方政權鬆動。

假訊息與數位平臺的戰場化

在 2014 年烏克蘭危機中，Facebook 與 VKontakte（俄羅斯社交平臺）成為資訊戰主戰場。俄羅斯部署大量假帳號、機器人帳戶與民間協力者，發布關於烏克蘭軍人攻擊平民、烏克蘭政府崩潰、克里米亞自決合法性的錯誤訊息，迅速占據地區輿論主流。事後回溯分析顯示，僅一週內就有超過三千則高互動貼文由五百個假帳號製作與散播，並由當地粉專或部落客二次轉載。這種戰術創造一種「民意自然發酵」的假象，實則由外部操縱完成，讓西方媒體與政府誤以為當地民眾真正傾向俄羅斯控制。

數位斷訊與資訊占領

為配合輿論戰，俄羅斯更實施了數位斷訊策略。克里米亞在俄軍進駐初期即遭遇手機網路、無線電與公共廣播中斷，烏克蘭中央資訊完全無法傳達至當地，形成輿論真空。取而代之

第五節　案例分析：2014年烏克蘭顛覆戰的數位介入技術

的是俄羅斯境內的資訊源與衛星訊號，重建資訊場域與群體認知座標。在一個完全無法比對訊息真偽的環境中，大多數群眾只能被動接受單一敘事架構。這種「資訊占領」的操作，遠比物理占領更深層，因其針對的是集體判斷力與認同選擇。

攻心為上：心理瓦解與政治麻痺

烏克蘭中央政府在克里米亞事件中最致命的失敗在於：當資訊戰開打時，並未即時介入澄清或反制，導致輿論戰場迅速落入俄羅斯掌控。當地官員、軍人與民間團體在面對真假難辨的資訊攻勢下，心理信心崩潰，不僅未堅守崗位，甚至部分軍人主動投降或轉投俄方敘事。這種「非暴力降伏」的效果，正是資訊顛覆戰追求的成果，其效力遠超單一武力衝突所能達成的政治重構。

資訊戰的成功仰賴一套跨域交錯的操控機制：包括語言文化的歷史滲透、社會認同的心理操弄、傳播工具的技術掩護與政治氛圍的制度真空。這些元素在克里米亞事件中交織發酵，使中央政府即使意識到危機，也難以快速回應或逆轉大勢。更令人警惕的是，資訊戰的強度不減反增，俄方成功複製並擴展這套戰術至烏東地區，催化出武裝衝突的長期化與認知對立的根深蒂固。

到了2022年全面進軍烏克蘭時，俄羅斯已結合過往經驗，建構出更為進化的資訊干擾戰系統。透過社群平臺部署大量深偽

第七章　資訊戰的先鋒：認知與演算法之戰

影片模擬澤倫斯基下令撤退、使用定向廣播癱瘓戰區通訊、並在 Telegram 等平臺釋出假冒官方通報，成功讓部分城市陷入恐慌。烏克蘭在初期面臨社會秩序混亂與前線士氣下滑等複合問題，證明「資訊占領」已成為現代戰爭的標準戰法之一。

至 2025 年，儘管烏克蘭逐步重建其數位通訊與公共治理體系，仍有多數前線城市與網路資源不足地區面臨資訊韌性匱乏的挑戰。特別是在學校、醫療、基層媒體等機構尚未恢復全面功能之際，資訊真空與敘事混戰依舊時時上演。現代戰爭的教訓已不再只是彈道與邊界，更是每一場新聞稿、每一支影片、每一條訊息背後的「認知地雷」在對社會穩定構成長期威脅。因此，資訊防衛已被烏克蘭納入國家安全五大主軸之一，並積極與歐盟、北約等組織合作，建立跨國資訊韌性聯盟，共同抵禦下一波「數位閃擊戰」的可能衝擊。

結語：對臺灣的戰略啟示

臺灣與烏克蘭在地緣風險、社會開放性與資訊環境上有若干相似處，兩者皆處於大國強權博弈的前線，面對資訊滲透與認知操控的壓力日益升高。烏克蘭的案例提供臺灣五項核心警示與延伸對策：

- 其一，資訊戰可能在開戰數週甚至數月前就已展開，若等到實體軍事入侵再應變，將陷入嚴重的戰略遲滯，因此須於和平時期即部署「前瞻資訊防禦網」，進行假訊息偵測與

第五節　案例分析：2014年烏克蘭顛覆戰的數位介入技術

演練模擬；
- 其二，資訊來源的多元化與即時澄清平臺必須常態化運作，媒體、生技、學界應組成跨界「事實查核聯盟」，共同建立即時反應能力，避免讓輿論真空成為敵人最佳戰場；
- 其三，地方政府、軍警系統與社群意見領袖須接受定期的「認知安全教育」，強化其獨立判斷與訊息驗證能力，建立社會訊息防衛的第一線；
- 其四，國安與國防系統應共同推動「複合攻擊模擬實戰演練」，涵蓋假訊息流布、網路攻擊、數位癱瘓與心理戰多重場景，強化跨部門橫向聯繫與應變速度；
- 其五，社會共識與國族認同教育不能等到危機來臨才推動，應融入教育體系、公民訓練與文化政策，強化全體國民對民主體制與主權價值的心理防線，減少內部動搖空間。

烏克蘭顛覆戰提醒我們：資訊與認知是現代戰爭的第一線，失守的不只是螢幕前的輿論，更可能是一整套國防機制與民心士氣的崩潰。資訊攻擊雖無聲無形，卻能造成實質癱瘓與集體信任解體。臺灣面對的挑戰更加複雜，包含對岸龐大的宣傳系統、滲透媒體與線上輿論操作，以及科技平臺演算法的不透明性。唯有提前建構具備即時反應、社會免疫與制度韌性的資訊防衛體系，輔以公私協力的心理預警網絡與政策推動動能，臺灣才有可能在未來更具規模與複雜性的複合戰爭中，守住認知主權、民主秩序與國家生存的最後防線。

第七章　資訊戰的先鋒：認知與演算法之戰

第八章
社會系統的戰時壓力測試

第八章　社會系統的戰時壓力測試

第一節　災害、疫病與戰爭：基礎設施的韌性對抗

多重風險交疊下的基礎設施脆弱性

當代社會正處於多重風險交織的時代，災害、疫病與戰爭構成高度重疊的風險矩陣，對基礎設施的打擊往往不是單點破壞，而是系統性崩解。臺灣在經歷 921 地震、SARS 與 COVID-19 疫情等事件後，已意識到能源、交通、醫療與通訊等關鍵基礎設施的脆弱性，但多數防災設計仍以單一災難為模擬基準，缺乏戰爭條件下的壓力測試框架。戰爭不僅帶來物理破壞，更伴隨數位中斷、資源短缺、物流癱瘓與人力調配失衡，導致整體社會系統無法維持基本功能運作。

關鍵設施的韌性結構再設計

基礎設施若要具備戰時韌性，必須從集中式設計轉為分散式、模組化與可替代化。例如在能源供應上，除了穩定發電外，更應建立區域型微型電網（Microgrid）與儲能備援系統，以降低大規模癱瘓的風險。在通訊設施方面，應預設地面基站被摧毀的情境，發展衛星備援、無人機通訊中繼與緊急廣播網。醫療體系則需提升大量傷患應變能力，培訓基層診所進入戰時支援網絡，擴大醫藥物資的在地備援能力。

第一節　災害、疫病與戰爭：基礎設施的韌性對抗

疫病與戰爭的交錯風險管理

戰爭期間的群聚移動與物流中斷極易造成疫病擴散，而疫情本身也會削弱社會動員與醫療資源調度能力。臺灣在COVID-19期間展現出高度口罩調配、疫調與區域封鎖能力，未來應進一步將這些機制整合至全民防衛計畫。例如設立「戰時傳染病指揮所」，模擬空襲下的疫病應變節點、醫護人員替代機制與遠距醫療平臺，確保在雙重風險疊加情境下仍能維持基本防疫體系運作。

韌性不只是硬體，而是系統文化

面對災害與戰爭的重複打擊，社會對「韌性」的理解不應止於硬體強化，更需納入制度設計與文化訓練層面。公共工程應以「易修復、快復原、不中斷」為目標重新設計，包含備援道路、臨時醫療站、應急物資供應點等模組化方案。而政府各部門則應建立跨層級橫向聯繫平臺，如「基礎設施韌性聯合指揮中心」，在平時即展開壓力測試與資料共享演練，讓系統在真正災難發生時能快速切換至緊急模式。

文化面則需培養全民面對衝擊時的應變能力與心理素質，透過教育部門導入「社會韌性教育模組」，讓學生從小了解備災知識、風險感知與危機自救技巧，同時在公部門與媒體推廣「全民韌性意識月」，鼓勵社區建立「自主防災小組」。這些制度文化

第八章　社會系統的戰時壓力測試

的推動，將使基礎設施的韌性不僅僅是技術問題，更是全民參與的國家安全底層結構。

結語：2030 臺灣戰時基礎設施藍圖

面對未來可能的衝突情境與灰色地帶作戰模式持續演化，臺灣必須建立一套超越傳統防禦觀的整體社會韌性系統，推動2030「戰時基礎設施安全行動藍圖」，成為全民防衛體制的核心支柱。此藍圖應涵蓋數位、能源、醫療、交通、通訊與供應鏈等六大關鍵系統，透過跨部會、跨領域、跨層級的整合行動架構，強化全島分散式應變能力與快速重建能力。

具體措施方面，除既有目標如建置25個地區性戰時醫療備援中心、200個微型電力自給社區外，還應加入戰時水資源分配系統與移動淨水車隊，確保遭受攻擊區域的基本用水不中斷。同時擴編公立中小學與高職校舍作為災時避難設施，配置太陽能板、儲能系統、簡易濾水設施與備糧倉儲，強化其在災後的自主生活功能。

科技方面，應研發整合式「全民緊急物資APP」升級版，納入個人醫療紀錄、家戶緊急聯絡點、疏散路線與衛星定位功能，並搭配擴增實境（AR）導航系統與多語言支援，以涵蓋本地居民與國際協助者之需求。同步建構「戰時資訊廣播網」平臺，導入中波備援發射站、短波無線廣播與LINE、Telegram等即時通訊備份群組，確保通訊中斷時仍能迅速傳達指令與資訊。

第一節　災害、疫病與戰爭：基礎設施的韌性對抗

在制度建設上，應推動成立「韌性基礎設施政策協調中心」，由行政院統籌、內政部、經濟部、國防部、衛福部與科技部共同組成，負責政策整合、預算配置與資源盤點，同時與地方政府簽訂「韌性建設協議」，將國防納入地方建設規劃，使社區防禦成為全民參與的公共工程。

此外，2030藍圖也應涵蓋人員訓練體系，設計「全民韌性防災演練月」與「基層基礎設施管理師」認證課程，培育5,000位具備醫療、能源、通訊與心理輔導能力的基層應變骨幹，做為突發事件發生時的社區第一應變中樞。所有藍圖執行成果也應進行數位化資料回饋，建立開放式「國土韌性儀表板」，供全體國民、研究者與決策者即時查詢與參與。

透過這一藍圖推動，臺灣將不僅從單一設施防禦思維中轉型，邁向整體社會韌性構建，為未來可能到來的極端挑戰——無論是天然災害、公共衛生危機或軍事衝突——建立一套多層次、跨部門、具備滾動調整能力的應對系統，落實從「反應」到「預應」的國家安全新範式。

第八章　社會系統的戰時壓力測試

第二節　民心、社會信任與恐慌心理的管理術

社會信任的戰略價值

在戰爭與重大危機中,民心不僅是政治動員的指標,更是社會運作能否持續的關鍵基石。當社會信任崩潰時,縱使軍事力量完備,也可能因群體恐慌與制度瓦解而陷入混亂。根據世界銀行 2023 年報告指出,信任程度高的社會在面對危機時,其災後重建時間平均縮短 30%,政府政策支持度提高一倍以上。臺灣雖為高度民主與開放社會,但面臨外部威脅與內部分歧時,社會信任結構極易出現斷裂,特別是在資訊混亂、陰謀論盛行與政治對立激化的情境下,民眾往往失去對政府與彼此的信賴,導致政策推行遲滯、資源錯置與恐慌擴大。

恐慌心理的群體傳染與擴散機制

戰爭初期最常見的心理現象是恐慌性行為,包括搶購、逃難、拒絕命令與社區瓦解。這些行為通常來自資訊不對稱、資訊超載與無助感積壓。例如 2022 年俄烏戰爭爆發前夕,烏克蘭多個城市出現大規模提款潮與商店物資斷貨,社會心理學家分析為「預期性災難行為」(anticipatory disaster behavior),即人們在真實危機尚未完全發生前,因高度焦慮而產生非理性決策,進一步引發連鎖效應。臺灣曾在 COVID-19 疫情初期出現類似

第二節　民心、社會信任與恐慌心理的管理術

口罩搶購與物資囤積行為,顯示恐慌心理的傳播速度遠快於政策宣導與資源調配速度。

政策透明與訊息掌控的平衡術

在面對恐慌心理與信任危機時,政府的第一道防線是政策透明與即時訊息釋放機制。若民眾感受到資訊透明度高、溝通誠實且回應即時,即便面臨重大風險也較能維持穩定情緒。臺灣可參考以色列於 2021 年邊境危機時所啟用的「多層級心理安撫系統」,由國防部、衛生部與內政部每日共同召開記者會,針對軍事、醫療與生活物資分別說明,並於社群平臺發布圖解資訊、定時民調反饋社會溫度。這類同步策略能減少訊息真空,避免非官方資訊壟斷話語權。

心理防線的社會網絡建構

除了政府角色外,社會本身也應建立層級清楚的心理防線網絡。每一個社區、機關與企業應設置「心理韌性小組」,由心理師、社工、志工與社區意見領袖組成,平時進行壓力管理講座與危機模擬,戰時則扮演安撫、引導與轉介角色。學校則可引進「戰時心理教育課程」,強化學生面對空襲、失聯與資源斷鏈時的情緒處理能力與家庭支持策略。

此外,媒體與網紅應成為正向傳播的協力者,而非情緒放大的觸媒。可透過建立「媒體正向報導獎勵制度」與「危機報導

倫理守則」，鼓勵媒體於戰時協助穩定輿論、提供心理重建資訊與恢復社會節奏的希望敘事。網路平臺則應與政府合作設立「心理援助快捷鍵」功能，讓民眾可快速尋求心理支援、發送安全訊息與取得最新指引。

結語：長期信任重建與戰後社會療癒藍圖

戰爭結束後，社會信任的重建與心理創傷的修復更是一場持久戰。政府應啟動「社會療癒五年計畫」，整合心理健康服務、創傷治療資源與社區對話平臺，分階段重建公共關係與公民參與網絡。學術機構與醫療機構則應建立「戰後心理評估大數據中心」，針對不同年齡、地區與族群的心理狀況進行監測與個別輔導設計。

信任是一種社會資本，更是一種心理防禦機制。在戰爭陰影下，能否守住民心，不只關乎政策成敗，更是整個國家的生存指標。唯有從日常培養出面對恐懼、保持理性、維繫關係的公民文化，臺灣才能真正建立一套具備心理韌性與制度支持的全民防衛架構。

第三節　地方政府與中央指揮的接縫測試

災難指揮體系的權責模糊困境

臺灣的行政體系在日常治理中具備中央統籌與地方執行的基本結構，然而在面對戰爭或大規模災難情境時，權責劃分的模糊與協調節奏的不一致，將成為戰時調度的關鍵風險點。以過往 921 地震與 COVID-19 疫情為例，中央政策與地方執行間曾出現「指令延遲」、「決策疊床架屋」、「資源分配不均」等現象，影響災後救援效率與社會安定。當敵情壓境或空襲發生，若地方首長無法迅速獲得授權或中央未即時了解地方狀況，將可能導致救援決策斷裂，重創基層應變能力。

地方韌性的潛力與限制

地方政府作為第一線應變主體，在戰時擁有比中央更貼近民意與現場的優勢。地方警消系統、衛生單位、村里組織與志工網絡，皆具備迅速動員與回應在地需求的能力。但其限制在於人力、資金與法定權限不足。根據 2024 年監察院報告指出，僅有 30%縣市設有完整的「戰時應變計畫」，且超過一半縣市未進行跨單位聯防演練。地方首長即使具備行動意願，若缺乏中央授權與法源依據，其行動將面臨合法性與資源來源的雙重瓶頸。

第八章　社會系統的戰時壓力測試

建構接縫協調機制的制度設計

為有效銜接中央決策與地方執行，臺灣亟需建立一套制度化的「戰時接縫管理系統」。可由國防部與行政院主導設立「戰時地方應變聯合指揮中心」，平時即納入各縣市災防辦公室、衛生局、警政單位與民政系統參與，演練資訊交換、緊急動員與權責分流機制。各縣市應制定「災難指揮授權鏈條圖」，標示在特定災害層級下中央與地方的主導節點，避免雙方誤判行動時機。

此外，中央可推動「地方應變專責官制度」，由經訓練的軍警或退役專業人員常駐地方政府，作為中央與地方之間的橫向溝通橋梁，協助判讀軍情、轉達資源分配並協助地方制定因地制宜的策略方案。

地方自主資源與調度彈性

戰爭條件下，交通中斷、通訊失靈與資訊落差將極大增加地方獨立應變的壓力。因此，每個縣市應建立「戰時資源自主管理平臺」，盤點本地醫療物資、儲糧、燃料、人力與交通工具等資源，並與鄰近縣市形成聯防協作網絡，達成「一縣遭災，三縣支援」的區域分工結構。

此外，地方政府應具備預警自主調度權，當敵情發生至某種標準（如空襲警報、供電中斷等），即自動啟動區域性疏散與

醫療轉運機制,不須逐級等待中央核准,確保現場反應不因層級壅塞而延遲救援。

結語:向下扎根、向上連結的雙向治理

地方與中央之間的良性互動,需同時具備向下扎根與向上連結的治理思維。中央應重視地方特性與彈性決策權,地方則須提升資訊回報與資源統整能力,強化「雙軌對應、即時調度」的共治模式。具體作法可包括定期舉辦「中央－地方韌性治理會議」、成立「戰時地方應變數位地圖平臺」供各縣市即時標示災情與需求,並透過 AI 分析調度資源。

臺灣若能在和平時期就透過制度模擬與實戰演練提前建立這套接縫治理系統,將在未來戰爭與重大災害中展現更高的應變效能與社會穩定能力,真正實現全民防衛體系「橫向整合、縱向貫通」的韌性治理架構。

第四節　NGO、宗教、媒體與心理防線的重建

非政府組織的韌性角色

在戰時社會動員中,非政府組織(NGO)往往扮演關鍵的縫補角色,彌補政府制度與資源無法及時觸及的空白地帶。以烏克蘭戰爭為例,多數難民安置、物資分發與心理支援,均由地

方或國際 NGO 進行第一線實施。臺灣的公益團體、志工系統與社區組織資源豐富，若能提前納入全民防衛體系，進行戰時角色分工與物資支援訓練，將可成為中央與地方體制之外的「第三道民間防線」。特別是在心理照護、特殊需求人口支援與文化重建等領域，NGO 具備靈活行動與在地連結的特性，是社會韌性強化的不可或缺資產。

宗教團體的心靈支柱功能

戰爭除了帶來物理破壞，更造成信仰、價值觀與生存意義的動搖。宗教團體在危機時刻常成為群體穩定的情緒中心。無論是寺廟、教會或民間信仰中心，皆能提供災民心靈慰藉、庇護空間與信任網絡。以日本 311 大地震為例，多數受災民眾表示，災後前往神社與教堂的頻率明顯增加，反映宗教在安撫創傷與重建希望上的關鍵功能。臺灣可結合各大宗教總會，成立「戰時心靈援助平臺」，培訓神職人員具備心理急救能力，並於戰時開放宗教空間作為臨時避難點、情緒安撫站與集體追思儀式地點。

媒體與通訊平臺的雙面刃

媒體在戰時既是資訊流通的核心橋梁，也可能成為恐慌擴散與敵對資訊滲透的管道。如何平衡言論自由與資訊安全，將考驗媒體倫理與制度監督機制的成熟度。政府應與新聞公會、

第四節　NGO、宗教、媒體與心理防線的重建

媒體平臺建立戰時協約，制定「戰時報導指引」與「應變資訊同盟機制」，確保關鍵訊息的發布即時、準確，並避免假訊息或片面畫面造成社會情緒失控。

另一方面，社群媒體與即時通訊工具如 LINE、Telegram、Facebook 等，更是資訊流動的快速通道，政府應建立「社群通報系統」與「假訊息回應中心」，並鼓勵平臺提供 API 供中央災防與資訊單位即時接入平臺熱點資料，提升危機期間的資訊感知與回應速度。

建立戰時心理防線的社會網絡

心理防線的重建不能仰賴政府單位單獨操作，必須透過 NGO、宗教與媒體形成多元合作網絡。建議設立「全民心理韌性推進聯盟」，由各界代表參與，包括心理師公會、宗教團體、媒體工會與災防志工組織，定期演練群體災難心理干預方案。亦可透過校園與社區設立「心理支持接點」，讓民眾在戰時知道何處能獲得安心、傾訴與協助。

此外，媒體也應主動製作「希望工程」型節目與平臺，分享社區互助、英雄行動與重建過程，穩定社會情緒與正向期待。宗教團體則可籌辦「跨信仰和平祈禱日」等活動，提供民眾共同抒發情緒與凝聚力量的場域。這些形式與內容的設計，將使心理防線不再只是醫療與專業體系的議題，而成為全民參與、跨界協力的社會韌性支柱。

第八章　社會系統的戰時壓力測試

結語：危機中的價值守護與文化重建

戰爭容易摧毀的不只是建築與設施，更是文化記憶與價值體系。臺灣應提早籌劃文化資產保存計畫、社會記憶採集工程與「戰時文化庇護所」設置方案。文史團體、宗教組織與媒體可合作進行「危機下的文化保存行動」，以數位化、去中心化與地理分散的方式保存地方歷史、族群語言、民俗信仰與個人生命故事。

當社會面臨毀滅性的創傷與流離，文化正是重建自我與彼此聯結的橋梁。透過 NGO 的靈活支援、宗教的心靈力量與媒體的公共傳播網絡，臺灣可以建構出一條不需依賴單一權力體系的「心理防線與文化韌性聯盟」，真正讓全民防衛體系從制度走入人心，從命令走向凝聚。

第五節　案例分析：311 日本大地震的跨系統應變架構

一場超越天災的國家壓力測試

2011 年 3 月 11 日，日本東北地區遭遇規模 9.0 的海底大地震，隨後引發海嘯與福島核災，造成近兩萬人死亡或失聯，數十萬人無家可歸。這場災難不僅是自然災害，更是一場對整體

第五節　案例分析：311日本大地震的跨系統應變架構

國家系統韌性的全面壓力測試，橫跨能源、醫療、通訊、交通、行政、教育、宗教、媒體與社會信任等各個層面。從危機應對到災後重建，日本展現出一套成熟而多元的跨系統應變架構，為臺灣因應戰爭或大規模危機提供寶貴的借鏡與啟示。

預警系統與中央快速決策的關鍵作用

日本的氣象廳與防災科技機構在地震發生後10秒內便發布緊急地震速報，透過手機、廣播與電視即時傳達災情預警，成功爭取數十秒到數分鐘的反應時間，讓許多地區緊急停車、撤離或避難。首相官邸則在震後五分鐘內進入災害緊急應變模式，成立中央災害對策本部，展開跨部會的資訊整合與任務派遣。這種高效率的決策機制來自於平時即建立好的「中央快速指揮系統」，整合行政、國防、警察、醫療與地方政府指揮鏈，並透過大量模擬演練與情境沙盤操作，讓中央能迅速協調地方資源、統一調度。

地方政府與基層社區的彈性運作

311地震後，最早投入救援的往往不是中央單位，而是地方政府與社區志工。宮城、岩手等受災嚴重地區的市役所即刻動員地方消防、醫療與運輸資源，並迅速開啟避難中心，進行災民安置與名冊登錄。大量的中小學校與公共設施被快速轉化為臨時避難空間，校長、教職員與學生家長臨時組成管理團隊維

第八章　社會系統的戰時壓力測試

持秩序與物資分配。在許多通訊中斷的鄉鎮，社區防災組織與學校成為資訊中繼與救援據點。這反映出日本地方治理體系的韌性——平時即透過地區防災演練、教育體系融入防災意識與制度化資源管理，讓社區具備獨立應變與聯絡外部的能力。

NGO、宗教團體與國際支援的共構協調

災後第一週內，日本紅十字會、宗教聯盟（如創價學會、佛教宗派、天主教會）、NPO法人、社福機構與多所大學社會服務團體迅速投入災區支援，提供熱食、臨時收容、基礎醫療、心理諮商與防疫物資。此外，日本政府開放與聯合國、日本國際協力機構（JICA）、美軍、韓國搜救隊與歐洲人道援助組織等合作，成立「跨組織災害支援平臺」，實現國際－國家－民間三方資源快速對接與分區責任合作。在這種架構下，資源不再只是由上而下的分發，而是建立雙向流動的資訊－物資－人力協作網，使得許多避難中心能在斷電與通訊中斷條件下，仍保持最基本的運作功能。

媒體、公信力與社會秩序的維持

在災難壓力極大的環境下，日本媒體展現出高度自律，避免過度渲染災情或不實報導，避免造成次級災害如社會恐慌或搶購潮。同時，NHK與多家地方電臺進行24小時不間斷公共資訊廣播，提供避難位置、餘震預報、水電狀況、交通重建進

第五節　案例分析：311日本大地震的跨系統應變架構

度與政府指令,協助災民建立穩定預期。日本電視臺普遍配合政府政策,不轉播震驚性或可能誘發群體恐慌的畫面,並集中資源協助政府輿論安定政策。即使在極端恐慌情境下,日本社會並未出現明顯的搶奪與社會秩序崩解,關鍵即在於社會對政府資訊的信任、媒體倫理的專業維持與全民參與式防災文化的根深蒂固。

教育、文化與心理重建的深層應變

災後的社會重建不僅限於硬體重建,更包括教育系統的恢復與心理創傷的處理。日本政府在震後一個月內重啟八成以上受損地區學校運作,透過「學校重啟支援小組」投入教育重建,並設置「災後學童心理關懷中心」,由專業心理師與教育工作者組成團隊巡迴輔導災區學生,協助他們重建生活節奏與情緒穩定。此外,多個市政單位與文化機構合作舉辦追思活動與社區故事記錄計畫,建立「記憶資料庫」與「地方創傷博物館」,讓災難經驗成為集體學習與社會韌性的轉化資源。

結語：對臺灣的借鏡與未來推演

臺灣與日本同屬高風險災害地區,亦面臨潛在軍事衝突與複合型災難的威脅。311的跨系統應變架構顯示,任何國家若要在極端危機中維持社會機能,必須提早建構多層次、跨部門與多元參與的整體災害治理機制。臺灣應比照「中央災害對策本

第八章　社會系統的戰時壓力測試

部」建立跨部會快速應變架構,提升中央決策效率與橫向協調機制;同時強化地方政府、基層社區與非政府組織的制度韌性與資源獨立性,並納入宗教、教育、醫療與文化單位共同參與。

此外,臺灣也可參考日本建立「災後重建規劃小組」、推動「心理安置行動計畫」、「社會共存重建平臺」與「文化記憶保存行動」,不僅回應生理災害,更面對價值、信仰與認同的長期復原。災後的治理不能僅靠硬體基礎建設的修復,更要能處理心理陰影、家庭瓦解與社區連結流失等無形創傷。

311不是單一天災,而是一場整個社會系統的壓力實驗,日本以其制度密度、教育文化深度與社會文化耐震力通過考驗,也為臺灣提供另一種戰時社會韌性的實踐參考。未來臺灣若要面對同等級甚至更複雜的挑戰,勢必需要建立起具跨域整合、心理支援、文化保存與民間協力的全民韌性治理架構,才能真正守住社會機能與國家存續的底線。

第九章
戰爭開打:
首波攻擊與登陸策略模擬

第九章　戰爭開打：首波攻擊與登陸策略模擬

第一節　封島與飛彈飽和：中國攻勢起手式

先制封鎖的戰略邏輯

在任何可能的兩岸衝突中，中國解放軍的首波攻勢很可能不是全面登陸，而是透過戰略封鎖與遠程打擊癱瘓臺灣的對外聯絡與國內動員能力。這種行動模式仿效「反介入／區域拒止」（A2/AD）戰略，試圖在開戰初期便形成軍事與心理上的雙重優勢。封島不僅意圖切斷臺灣的對外支援，也在國內社會製造孤立無援與戰略挫敗的氛圍。

歷次解放軍環臺軍演中，包括 2022 年裴洛西訪臺後的反應性軍演，皆展現其具備對臺周邊海空域的控制能力，以及對國際航道與空中走廊施加壓力的企圖心。這類封鎖不必然透過正式宣戰，而是透過實彈演練、臨檢威脅與航路重疊等方式，逐步擴大影響範圍與強度，模糊和平與開戰界線，進行灰色地帶行動。

飽和攻擊與系統癱瘓的組合拳

從過去多次解放軍環臺軍演觀察，中國具備大量中短程彈道飛彈與巡弋飛彈，可對臺灣各大機場、雷達站、指揮所與通訊中樞進行「點穴式攻擊」。此類攻擊若同步實施，會造成防空網難以即時攔截、通訊中斷、空優消失等結果，進而影響部隊

第一節　封島與飛彈飽和：中國攻勢起手式

調度與民間反應效率。

此外，中國軍方亦可能採取「系統癱瘓式作戰」(System Destruction Warfare)，利用網路攻擊與電子干擾，對臺灣之關鍵基礎設施如電力、水源、金融交易系統與政府資料庫實施同步癱瘓，製造資訊斷層與信任危機。這些非傳統攻擊手段與飛彈打擊結合，構成所謂的「認知壓制式閃擊戰」，以最低成本達成最高政治效益。

海空封鎖的三層構造

中國可結合其空軍、海軍與火箭軍，進行三層封鎖作戰：第一層為距離臺灣本島近海的內圈封鎖，利用艦艇與無人機阻斷民用航道與港口；第二層為以臺灣海峽為主的中層封鎖區，部署潛艦與水面艦實施實體干擾；第三層為以宮古海峽、巴士海峽為邊界的遠程戰略封鎖，限制外國軍艦與補給艦進入，達到「關門打狗」的圍堵效果。

其中，臺灣東部航線與海底通訊纜線成為中國封鎖或破壞的高價值目標，若能對其成功攻擊，將重創臺灣對外聯絡與金融市場信心。中國亦可運用「合法封鎖說」試圖將其軍事行動合法化，混淆國際社會對其軍事侵略的判斷。

第九章　戰爭開打：首波攻擊與登陸策略模擬

對臺社會心理的攻擊設計

　　戰略封鎖與飛彈襲擊不僅是物理攻擊，更針對的是臺灣社會的心理韌性。透過精準打擊交通樞紐、電力設施與媒體中心，中國意圖在短時間內引發社會混亂、輿論失控與民心動搖。例如 2022 年烏克蘭戰爭初期，俄羅斯對烏克蘭城市的能源與通訊施加壓力，成功在短時間內製造大量避難與恐慌潮，中國極可能從中借鏡，導入類似策略於臺灣戰場。

　　另類訊息戰也可能同步展開，如發布深偽影片製造高層官員棄守假象、社群媒體上散布「美軍不來」、「總統已逃」等謠言，透過心理攻擊影響民心與戰鬥意志。尤其年輕世代長期依賴即時資訊，若其所仰賴之平臺遭到封鎖或攻陷，更易成為恐慌與失序的放大器。

結語：面對首波攻勢的戰略思考

　　臺灣在面對中國可能發動的首波攻擊時，應強化「首擊韌性」概念，即使在封島與飛彈壓制下，仍能維持基本戰略控制與社會運作。應建構多層級「分散式指揮架構」，在中樞通訊中斷時仍能維持地方部隊與警政系統協調；加強「區域儲能電網」與「民生物資戰備庫」，避免社會基本運作因能源與糧食中斷而陷入混亂。

　　同時也應擴大全民防衛訓練與戰時心理韌性教育，例如每

年一次「全島避難演練週」、中小學納入「戰爭心理應對課程」與「戰時假訊息辨識訓練」，透過模擬與教育強化社會對戰爭初擊的心理免疫力。

封島不是終局，但若初擊後社會即瓦解，將削弱後續軍事與外交操作的所有籌碼。臺灣必須認知：現代戰爭首波攻勢不在戰場，而在社會穩定與國民信心的第一道心理防線。

第二節　臺灣防空、海防與快速反制架構

多層防空體系的現況與挑戰

面對中國可能發動的大規模飛彈與空中飽和攻擊，臺灣已逐步建立起多層防空體系，主要包括遠程預警雷達、愛國者三型飛彈 (PAC-3)、天弓三型飛彈、中程防空飛彈 (Sky Bow II)、低空防衛系統 (如復仇者與天兵系統) 等。但面對數量遠勝我方的彈道與巡弋飛彈、無人機與飽和式攻擊組合，現有防空架構仍存在覆蓋範圍不足、反應時間過短、補給維持不易等瓶頸。

防空資源集中部署於都會區與戰略設施，偏遠地區與民用基礎設施多處於「裸防」狀態。未來應強化分散部署與機動發射載臺的布建，並結合中科院研發之新型干擾系統與 AI 自動辨識技術，加速形成彈性防禦網絡。此外，與美國進一步合作，強

第九章　戰爭開打：首波攻擊與登陸策略模擬

化整合 C4ISR（指管通資監）體系與 F-16V 機隊空中攔截能力，可提升戰場即時感知與快速應對能力。

海防前哨的靈活部署戰略

中國海軍日益頻繁穿越臺灣東南與北部海域，預示其未來可能進行多點、分散與佯攻混合式的登陸戰略。面對此情勢，臺灣應改變過往「固定式防衛」模式，轉向「彈性式防守」與「動態型布署」，特別是在澎湖、金門、東沙與蘭嶼等離島布建具備反登陸、防空與水下感測能力的多功能前哨。

具體作法如部署機動式反艦飛彈平臺（如雄風 III 機動發射車）、無人水下聲納感測網絡與小型高速巡防艇隊，建立「多層縱深＋機動打擊」的防衛框架。同時，應強化離島與中部港口如布袋、臺中、安平的戰略儲糧與武器補給設施，確保敵軍一旦封鎖大港，仍可透過內陸運輸維持物資流動。

快速反制與非對稱作戰能力的運用

面對中國軍力優勢，臺灣無法比數量，但可比速度與彈性。透過小型、高速、難以定位的反制平臺進行「接戰後即轉移」的行動，是提升存活與反擊力的關鍵。例如微型無人機部隊、可快速拆解重組的火箭砲組（如雷霆 2000）與可遠端控制發射的水面導彈平臺，可在敵軍尚未確保空優前造成有效破壞。

第二節　臺灣防空、海防與快速反制架構

另方面,國軍應進一步整合網路作戰與資訊戰部隊,發展戰場時差干擾與資料鏈破壞作戰,在敵軍攻擊節奏中製造斷層與混亂。透過模擬演練提升中部地區快速反擊能力,包括彰化、雲林、臺南設置緊急機動反擊營,並與民防系統協調,確保災後支援與軍用交通不相衝突。

民間資源整合與全民防衛協同

快速反制的效果不僅來自軍方,還需仰賴全民的戰時協力網絡。目前內政部推動的民防系統與「地方戰備連絡網」應進一步升級為「全民反應節點」,在戰時啟動區域資訊協助、敵情通報、物資輸送與心理安撫任務。若能整合義警、義消、醫護志工與科技志願團體,可大幅延伸前線反制後勤支援力。

同時,應在戰時前建立「應急戰區 App」,整合防空避難所地圖、開戰訊息簡報、即時通報機制與醫療資源查詢功能,成為全民即時互通與協助之平臺。臺灣不能只靠軍事反擊,而需形成軍民合一、資訊同步、動作快速的整體反制體系。

結語：建構整體性快速反應藍圖

為提升快速反制與彈性防禦,建議國防部研擬「三分鐘應戰規畫」,強化部隊與民間單位於開戰三分鐘內能夠執行之動作模組。內容涵蓋雷達通報、自動防空反應、網路阻絕、港口封鎖

與全島衛星備援系統啟動等，同時結合「反登陸假設劇本」每年進行滾動演練。

臺灣不能奢望阻止攻擊的到來，但可以用最少的損害爭取最多的生存時間與國際支援空間。防空、海防與快速反制不只是戰術配置，更是一種國家意志與社會整合能力的總體展現。

第三節　登陸戰術與臺中、臺南港的軍事想像

攻擊目標的選擇與地理邏輯

若中國決定發動登陸作戰，其目標地點將依據軍事效益與政治訊號進行選擇。傳統認知多集中於北部與西部港灣，如淡水港、臺中港與高雄港等。然而，臺中港與臺南安平港具備較長深水碼頭、腹地廣大、交通網完整等條件，容易支持快速卸載與地面部隊推進，因此在可能的軍事規劃中，具有高度戰略價值。

相較北部受到美日偵監與國軍雷達嚴密監控，中南部港口距離空軍與陸軍主力基地稍遠，若未能及早預警與快速反應，恐造成局部突破。臺南港一旦落入敵手，不僅南北高鐵與公路動脈將中斷，台積電科學園區也將遭受威脅，進一步放大戰爭影響層級。

第三節　登陸戰術與臺中、臺南港的軍事想像

假設作戰場景：臺中港快速占領模型

中國可能以大規模煙幕彈與電子干擾掩護船團接近臺中港，搭配無人機與假目標機吸引我方防空火力。先遣部隊將透過氣墊船與兩棲裝甲車快速登陸港區北緣，奪取港口作業設施與內陸道路，隨即展開港區重武裝化與機場封鎖。

若無即時反制，敵軍將透過後續增援船隊進行機械化部隊大規模上岸，並以砲兵與短程飛彈壓制中部國軍反攻路線。空降突擊隊亦可能在臺中機場或清泉崗基地周邊實施癱瘓行動，形成多點壓力與防禦縱深裂口。

假設作戰場景：臺南港登陸與南北切斷

相較於臺中港具備工業與倉儲優勢，臺南港攻擊則更具戰略象徵性。臺南市為南部政治、文化重鎮，若遭敵軍控制，將對全臺心理戰構成巨大衝擊。中國可能選擇夜間突襲與火力飽和掩護下，攻占臺南安平港，建立「區域占領區」，迅速封鎖市區與聯外道路。

其後，敵軍將依靠地面部隊向臺南科技園區、永康交通轉運中心與山區道路擴張，建立戰略灘頭堡。並可能同步切斷高雄－臺南－嘉義間公路與鐵路通道，將南北交通斷裂，拖延我方增援與難民疏散。

第九章　戰爭開打：首波攻擊與登陸策略模擬

反登陸部署與在地抵抗模擬

面對上述可能場景，國軍應優先於臺中港與臺南港周邊部署機動化反登陸部隊與快速支援旅，利用城鄉交界的地形複雜性與區域民防網協助，進行巷戰拖延與通道封鎖。

港區內部應建置地下砲位、火箭砲陣地與電子干擾塔，結合無人機航跡攔截、水雷封港系統與海岸光纖監視網，加強預警與反擊能力。同時強化地方政府與企業的戰時調度機制，如燃料儲存、疏散規劃與資訊傳遞演練，確保一旦失守能持續進行游擊牽制與後勤保障。

結語：心理戰與地緣戰略的雙重防禦思維

登陸戰不只是物理空間的爭奪，更是對臺灣心理與國際支持的一次試探。中國若在中南部成功立足，不僅將威脅軍事要點，更可藉此進行「事實既成」戰略，迫使國際社會面對臺海改變現狀的既成局面。

因此，臺灣必須不僅守住港口，更要守住資訊戰、國際外交與民心支持的三大軸線。透過「反登陸三層防線」策略，包括軍事阻截、社區游擊與國際輿論回應，打造縱深抗戰與持久支撐力道，使敵軍即使登陸亦無法持久，進而失去戰略主導權。

第四節　首日後：電子戰與通訊癱瘓模擬

從物理戰到電磁戰的轉換時刻

當中國對臺發動首波攻勢後，隨即而來的將不僅是地面與海空的直接衝突，更是一場籠罩全島的電磁與通訊網路戰。電子戰是現代戰爭中隱形卻極為關鍵的領域，涵蓋頻譜壓制、干擾導引系統、通訊癱瘓與資訊封鎖，目的在於使敵方指揮系統斷鏈、部隊失聯、社會無法協調。對臺灣而言，如何在首日後持續保持「戰場感知與社會聯繫」能力，將成為存亡分水嶺。

中共電子戰部隊的部署與戰術模式

中國早在 2020 年代初即成立專責電子戰單位，隸屬於戰略支援部隊，旗下裝備包括干擾機、地面頻譜壓制車、雷達誘導干擾彈與衛星連結截斷裝置。當開戰進入第二階段，預計中國將啟動「區域頻譜壓制」，對臺北、臺中與高雄等三大戰略節點進行無線通訊封鎖，並伴隨 GPS 遮蔽、航管系統干擾與軍民通訊頻道擾亂。

此外，長程電戰機如運 -8G 將配合無人機群實施「電子照明」作戰，蒐集臺方防空雷達與通訊節點位置，進行定向能量打擊或混淆訊號源，進而破壞戰場協調節奏。

第九章　戰爭開打：首波攻擊與登陸策略模擬

關鍵通訊系統的脆弱點與應變設計

臺灣目前仰賴 4G/5G 行動網路、光纖電纜與衛星備援通訊，這些系統雖已納入資安與戰備設計，但其實體基站密集、中心化管理與能源依賴，使其在遭遇飽和攻擊與電力中斷時極易癱瘓。

為防此情形，應強化「分散式通訊網」建設，推動區域無人機通訊中繼、即時衛星通訊熱備、短波無線電站升級與社區中繼站模組化部署。所有政府部門與重要民間設施應裝備「雙通訊備援系統」，可於數據斷線時立即切換至衛星模式，維持基礎對外聯繫。

資訊戰與心理戰的同步衝擊

中國電子戰目標不僅在癱瘓硬體系統，更在同步推進認知操作與輿論導向。當資訊來源混亂或中斷時，敵方將透過境外網站、社群平臺與被滲透帳號散播「政府已撤離」、「防線潰敗」、「外援無望」等假消息，製造集體不安與軍民間猜忌。

尤其臺灣資訊公開自由、社群活躍，一旦缺乏官方即時穩定敘事，虛假資訊將迅速填補真空。為此，應建置戰時「多語言事實即時澄清中心」，並由媒體與 KOL 協力每日定時發布戰況摘要、反駁假訊息並提供實用疏散與生活指引。

第四節　首日後：電子戰與通訊癱瘓模擬

首日後的社會通訊生命線維持機制

戰後首日，維繫社會秩序的通訊生命線至關重要。建議於各縣市建置「戰時資訊庇護站」，整合廣播、無線電與社區公告系統，作為社會資訊樞紐。同時在公所、醫院與學校配置可太陽能供電的通訊模組，提供簡訊廣播與緊急回報功能。

進一步，應儲備 10 萬部具離線通訊與藍芽群播能力的簡訊機，分配至里鄰長與志工隊手中，用於群組協調與災區通報，形成基層抗打擊社群。

結語：建立韌性通訊的國家戰略結構

電子戰不只是科技對決，更是一場全社會資訊韌性的考驗。臺灣應制定《國土通訊韌性行動計畫》，整合國軍資電司、國家通訊傳播委員會、民營電信商與科技研發單位，組成常設性的「戰時通訊聯合管理中心」，統籌頻譜調度、資源整合與突發應對演練。

唯有讓資訊流動不因電磁攻擊而斷裂，通訊網絡不因空襲而癱瘓，人民與指揮體系不因孤立而崩解，臺灣才能真正建立不僅存活、且能持續作戰的國家總體防衛通訊架構。

第九章　戰爭開打：首波攻擊與登陸策略模擬

第五節　案例分析：
二戰諾曼第登陸與地形選擇

地形、情報與戰略決策的交匯點

　　1944 年 6 月 6 日，盟軍在法國諾曼第海灘發動歷史上規模最大、最複雜的兩棲登陸作戰——「大君主行動」(Operation Overlord)，開啟歐洲戰場的反攻序幕。這場戰役不僅考驗軍事力量與後勤整合，更是地形選擇、氣象掌握、情報欺敵與通訊協調的極致結合。其成功為臺灣在設想登陸防衛與地形運用時，提供了極具參考價值的經典案例。面對當代戰爭愈趨複合與動態，諾曼第登陸的系統性規劃與多維作戰行動仍具指導意義，尤其是在類似地形條件與跨部門應對挑戰中，更值得臺灣防衛體系深度借鏡。

為什麼是諾曼第？地形與敵情的綜合考量

　　盟軍初期在選擇登陸地點時曾考慮過法國西北的布列塔尼半島、比利時的港口區甚至直接從地中海突襲義大利北岸。但最終選擇諾曼第，並非因其地形最理想，而是綜合了敵軍部署、海灘坡度、水深與氣象模式後的最佳解。諾曼第海灘雖有部分地段潮汐複雜、沙洲延伸，但其距離英國南岸適中、德軍防禦力量相對薄弱，且周邊地形具備迅速建立灘頭堡後向內陸

第五節　案例分析：二戰諾曼第登陸與地形選擇

推進的條件，能夠配合機械化部隊的深入突進。

此外，諾曼第的交通節點密度高，使得後續部隊能夠迅速轉移與擴散，不易遭到單點包圍。天候上，盟軍亦掌握精準氣象預測，在德軍認為氣候惡劣、不可能進攻之際出奇制勝，反映戰略判斷與資源整合的綜合優勢。這些判準對臺灣海岸線與灘頭區域評估具高度啟發性。臺灣若面對類似攻擊，必須理解敵軍將綜合軍事地形、交通節點、氣象條件與心理衝擊等多重因素進行地點選擇，倘若僅重視軍港與市區，而忽視次要港口、工業腹地與農村灘頭，極可能落入敵方策略圈套，造成防禦失衡。

情報欺敵與通訊管制的典範操作

諾曼第登陸另一關鍵因素在於盟軍對德軍的欺敵戰術與通訊策略掌握。盟軍運用「虛構軍團」（如巴頓將軍指揮的假軍）與「幻影坦克」、「橡膠飛機」等佯裝裝備製造假象，並在人員調動與物資配置上亦營造出加萊（Calais）將成為主戰場的訊號。同時，盟軍實施嚴格的無線電管制與反偵測策略，甚至在計畫前夕刻意於加萊海岸附近釋放假雷達回波與無線電訊號，導致德軍錯估戰場方向與時間。

此等欺敵與掩蔽操作提供臺灣實質借鏡。在資訊透明與衛星監控高度普及的現代戰場，臺灣應建立「戰時偽裝部署模組」，包括假雷達站、假運補基地與假灘頭工事等靜態與動態伴動策略，並發展無人機模擬熱源與雷達回波模組，使敵軍難以準確

判斷我方真正部屬。同時,整合低可見度通訊網與加密頻譜,設計多重備援迴路,確保在主要通訊節點遭攻擊後仍能保有指揮鏈不中斷的能力。

火力登陸與後勤支撐的聯動設計

諾曼第登陸並非單靠兵力集中與裝備精良,其成功仰賴長期準備與深度整合的「海陸空聯合作戰模式」。特別是在無法掌控傳統港口的情況下,盟軍動員大量工程兵預先打造人造港「桑葚」(Mulberry Harbour),設置可拆卸式碼頭與模組化卸貨平臺,使得重裝甲與彈藥物資得以持續上岸。另以「PLUTO」油管橫跨英倫海峽,保障燃料供應不中斷。

這對臺灣的啟發是明確的。臺灣應預設港口失能情境,發展「無港口補給模式」,例如海上浮動補給站、野戰式彈藥運輸機群、水上無人機艦隊與民間交通船隊之戰時徵召編組,同時部署機場地面加油模組與應急轉運點網絡,保障物資支援不中斷。戰場的持久不仰賴單一節點,而在於分散、靈活與不對稱的補給鏈能否快速接軌。

灘頭堡的建立與反制窗口

盟軍成功的關鍵還在於登陸後迅速穩固灘頭堡並向內陸推進,防止德軍反攻形成包圍。德軍之所以未能有效反擊,一部

第五節　案例分析：二戰諾曼第登陸與地形選擇

分原因在於情報遲滯與命令體系僵化，未能在關鍵 48 小時內調動裝甲部隊到前線。這為臺灣提供了反搶灘的核心窗口：阻止敵軍在第一時間完成兵力擴散與後勤集結。

臺灣的作戰模擬中，應將「24～72 小時反擊線」視為防衛重點，透過城市游擊、道路斷裂、野戰砲隊集中反擊與灘頭火力壓制等方式，拖延敵軍內陸推進速度。並應提前建立灘頭「防滲透網」：包括地雷場、機槍掩體、地下巷戰系統與隱蔽伏擊點位，使敵軍無法穩定建立指揮中心與補給中心，反將登陸區變成消耗與內耗的困獸之地。

結語：地形優勢的再定義

諾曼第登陸教會我們：所謂「防禦地形」不是天然屏障，而是如何主動運用地形造成敵軍判斷錯誤、機動受阻與補給癱瘓的效果。地形不只是靜態的自然條件，而是經過人為經營與戰略編排後的戰場資產。臺灣應重視非港口地形、沙岸與城市交界區的戰略再設計，建立多層次反應區，並預設「登陸必成」的現實，部署「反搶灘」作戰模組，使敵軍雖登陸亦難立足。

這是一場與地形共舞的認知戰，也是一場將過往歷史經驗轉化為未來行動準則的戰略思維實踐。以諾曼第為鏡，臺灣可以重構自身的戰場空間想像，從每一個灘頭、巷口、河口與道路節點中，看見全民防衛的縱深與韌性。

第九章　戰爭開打：首波攻擊與登陸策略模擬

第十章
制空與制海的消耗戰

第十章　制空與制海的消耗戰

第一節　空軍對決：殲-20、F-35與制空爭奪

空優與空權：戰爭勝負的高度競技場

在現代戰爭中，制空權不僅是戰術優勢的象徵，更是後續所有軍事行動的前提條件。誰能控制空中，誰就能主導節奏，掩護地面與海上行動，並削弱敵方的作戰自由。臺海戰爭一旦爆發，中國解放軍將企圖透過大規模空中壓制行動迅速奪取制空權，而美國、日本與臺灣三方聯防機制是否能抵擋初波衝擊，將成為戰局能否延續的關鍵指標。

殲-20與F-35：隱形戰鬥機世代的技術碰撞

中國的殲-20「威龍」與美國的F-35「閃電 II」堪稱當前第五代戰機的代表。在臺海戰爭場景中，殲-20將扮演解放軍空軍（PLAAF）進行先制打擊與深入偵查的重要角色，尤其是遠程飛行與高隱形設計，可能成為打擊雷達與指揮中心的主力。

相對而言，F-35在多國間的協同操作能力與感測器融合技術明顯優勢，加上其「分散起飛、集中打擊」的戰術設計，使其在第一島鏈內具有快速重組戰力的潛力。若F-35與F-16V組成多層機群，並結合愛國者與天弓防空系統，將形成難以撼動的空中阻絕屏障。

第一節　空軍對決：殲-20、F-35 與制空爭奪

臺灣空軍的困境與轉型契機

臺灣目前主力戰機為 F-16V 與幻象 2000 系列，雖逐年更新電子系統與彈藥庫存，但在應對殲-20 與解放軍無人機蜂群時，反應時間與雷達精度仍有差距。臺灣應加速無人機搭配作戰演訓，並研發「低軌道雷達偵察鏈」與「地對空混合動能攔截」新技術，以建立非對稱制空模型。

另一方面，飛行員戰備轉換與機場硬化亦為當務之急。應強化戰時備用機場、公路跑道與地下維修機棚的部署，並模擬「戰損一半仍可升空」的多重演練，使空軍具備承壓續戰的彈性條件。

偵查、電子戰與衛星爭奪的交錯戰線

除了傳統戰機對決外，未來空中主導權亦將取決於電子作戰與衛星感測優勢。中國軍方透過「星鏈剋星」型干擾衛星、電子壓制無人機與高頻寬雷達干擾平臺，意圖癱瘓臺灣與盟軍的指揮節點與資訊傳輸。

美方則部署「中軌道反導衛星」與 F-35 數位鏈路協同平臺，能在敵方電磁攻擊下依然保持作戰共識（common operational picture）。此等「空域資訊戰」將不再是延伸支援，而是戰爭成敗的前線主體。

第十章　制空與制海的消耗戰

結語：從對決到消耗的戰略轉折

殲-20 與 F-35 之爭並非單一機型優劣之爭，而是展現背後整體戰略體系與國家資源整合能力的象徵。臺灣若要於其中存活，不能只依賴國軍武器更新，更應強化「多國空軍聯戰介面」、「空域防禦分層計畫」與「資訊抗毀力」。制空權一旦失守，其他戰區將全面崩解；唯有預設「空域斷裂」情境，建立「資訊續戰」機制，方能在第五代戰爭型態下，守住臺灣上空的最後一片清明。

第二節　東部戰區 vs. 西太平洋艦隊的對抗節奏

雙方戰略定位與力量對比

中國人民解放軍東部戰區司令部自 2016 年軍改以來，已成為對臺作戰的主要指揮機構，其轄區涵蓋浙江、福建與江西等地，具備近距離火力壓制臺灣本島的地理與戰略優勢。東部戰區擁有兩棲合成旅、火箭軍機動單位、殲-16 與殲-10C 等空軍主力，以及 052D 導彈驅逐艦、055 型飛彈驅逐艦等海軍艦隊，其戰力整合呈現高機動、多域聯合作戰特性。

相對地，美國第七艦隊與西太平洋聯合部隊以日本橫須賀為根據地，結合第 11 航空母艦打擊群、第 31 海軍陸戰隊遠征

第二節　東部戰區 vs. 西太平洋艦隊的對抗節奏

單位與戰略轟炸機群，在關島、沖繩與菲律賓常態部署，是印太地區唯一具備快速介入與持續火力投射能力的海上軍力。其結合 F-35B、P-8A 海上巡邏機與宙斯盾驅逐艦構成空海整合力量，在反潛、反導與海上封鎖行動上具備絕對技術優勢。

對抗節奏的預判與行動反制

一旦臺海危機升高，東部戰區可能採取「速戰速決」策略，以多點聯合打擊與高頻次突襲削弱臺灣防禦體系，再逐步建立制海制空優勢，迫使西太平洋艦隊面臨「干預風險與時機判斷」的兩難。中國可能於首波攻擊中占據臺灣周邊數個島嶼與海域據點，部署飛彈與無人監控平臺，阻斷美軍接近通道。

西太平洋艦隊則須依賴多國協作與即時情報交換，快速進入第一島鏈防線並建立臨時戰區指揮中心。反制作法將包括部署潛艦艦隊於巴士海峽、宮古海峽與呂宋海峽進行水下封鎖；同時以航艦艦載機群與 B-1B 戰略轟炸機於太平洋東側形成反包圍，延遲東部戰區兵力集中進程。

關鍵交會區：東海與巴士海峽的戰略作用

東海海域將成為兩軍艦隊主力交會的重要場域。此處水文特性複雜、島嶼密集、航道交錯，極適合潛艦作戰與反潛巡邏。東部戰區若欲從舟山與福州出港大規模推進，勢必將集中火力於東海制海權爭奪。而美方則可能調動潛艦攔截路徑，並以遠

第十章　制空與制海的消耗戰

程精準火力（如 LRASM、JASSM）進行點殺破壞行動。

巴士海峽與南海北緣將是戰略補給與多國聯防的試煉場。若中國於南海同時施加壓力，將造成臺灣與盟軍資源分流，迫使美日菲聯盟在資源配置上面臨拉鋸。反之，美國若能穩定控制巴士海峽水域，臺灣將得以維持外部補給動線與空中橋梁，有助持久戰形態之構建。

通訊中繼與聯合情報網絡的主導權

當雙方主力艦隊展開高強度消耗戰，通訊與情報優勢將成為制勝關鍵。東部戰區正積極建立海上衛星通訊點與量子通訊中繼站，提升其遠端指揮能力；而西太平洋艦隊則依靠與五眼聯盟共享之 ISR 系統（情報、監視、偵查）及 Link-16 通訊鏈，確保聯合作戰期間各單位協同精準。

臺灣在此體系中應扮演「區域感知前哨」角色，透過雷達、電偵站與無人機中繼提供即時戰場資訊，並與日、美共享資訊圖資平臺，擴展自身作戰半徑，從被防禦方轉為「戰場情報節點」，創造對抗節奏的主動權。

結語：聯戰節奏下的韌性決勝關鍵

東部戰區與西太平洋艦隊的對抗，反映的不只是艦隊數量與武器規格，更是作戰節奏、指揮體系與補給網絡的較勁。臺

灣若欲在此局中保有戰略籌碼，需強化「灘岸雷達鏈」、「港灣電子戰備」、「海空協同模組」與「盟軍即時指管平臺」等關鍵能力。節奏若失，即使有火力，也無以為戰；唯有守住節奏，才能守住海域。

第三節　無人機、衛星與精準導引火力的消耗戰

從單點攻擊到多域火力：現代戰爭的轉型基調

現代戰爭已從傳統軍種協同進化為跨領域整合作戰，無人機、衛星與精準導引武器成為「三位一體」的新型作戰核心。這些武器系統具備高機動、低成本與即時打擊能力，改變了以往火力集中於單一戰線的模式，發展為可從空間、時間與資訊多軸向同步進行的「火力消耗戰」。臺海若爆發衝突，此類非傳統武力將率先投入，成為最初決定性破壞的主角。

無人機蜂群：從偵查工具到主戰武器

中國在無人機發展上突飛猛進，從翼龍系列、彩虹系列到攻擊-11（GJ-11）匿蹤無人機，已涵蓋戰術偵察、電子干擾與戰略打擊等功能。無人機不僅可穿透防空系統進行多點偵查，還可攜帶精準彈藥對雷達站、油料庫與戰機掩體實施點殺攻擊。

第十章　制空與制海的消耗戰

更值得關注的是中國開發中的無人機蜂群系統，透過 AI 自動導航與任務分配，能對機場、港口、電廠等目標進行飽和打擊，突破傳統防空的反應能力。一旦此類蜂群配合電子戰機使用干擾彈遮蔽雷達視線，臺灣將面臨極高壓力的空域渾沌局勢。

臺灣可借鑑烏克蘭戰爭經驗，加速部署小型無人機集群戰術，發展便攜式反無人機系統（如雷射攔截器、微波干擾槍）並與野戰雷達整合。更需強化無人機與步兵、砲兵、特戰單位的協同演練，使無人機成為第一線的情報感知與快速火力延伸手段。

軌道爭霸：衛星星鏈與反衛星能力對決

衛星系統是現代作戰中所有通訊、導航與精準打擊的基礎設施。中國正積極布建高解析度軍用偵察衛星，並發展「虹雲工程」等低軌道通訊網絡，企圖於戰時支援其 C4ISR 能力。此外，其反衛星武器亦具備在太空中攔截或致盲敵方衛星的能力。

相對地，美國與盟國的星鏈衛星（Starlink）已在烏克蘭戰場證明其戰時通訊穩定性與模組調整彈性。臺灣若能接入此類低軌道網路，將提升戰時通訊備援與資料回傳穩定度。

為應對軌道戰爭風險，臺灣應與民間太空科技單位合作，發展可即時替換的微型衛星模組與「機動地面接收站」，提高通訊系統的韌性。同時加強與盟國共享軌道監控資訊，提前掌握敵方衛星部署與異常軌跡。

第三節　無人機、衛星與精準導引火力的消耗戰

精準導引武器：戰場節奏的決定者

精準導引武器已成為現代戰場中消耗敵方指揮鏈與高價值目標的首選工具。中國解放軍現已部署 DF-21D、DF-17 等「航母殺手」級武器，具備超高音速突防與機動改軌能力。若其導引精度與衛星協同程度進一步提升，將對臺灣空軍基地、指揮所與港口造成極大威脅。

臺灣則應持續強化雄風與劍翔飛彈精度、射程與多彈頭模組，並進行地下化儲存與分散部署，以防一波摧毀所有彈藥庫之風險。此外，可考慮部署水上浮動發射平臺與移動發射卡車，結合地形優勢形塑「火力生存鏈」結構，延長火力對抗持續性。

消耗戰的後勤挑戰與心理韌性

精準武器與無人載具儘管造價相對低廉，但在長時間交戰中仍將面臨彈藥補給、維修機組與能源消耗的巨大壓力。臺灣應預設長期戰損模擬，建立彈藥優先序盤點機制與「戰場修復工坊」制度，於野戰區即時修復損毀設備與回收無人載具。

此外，面對長期精準打擊下的高壓社會氛圍，政府與民間應強化心理輔導網絡與災後重建模組，設立社區層級的心理應變中心，協助民眾應對戰時焦慮與日常中斷。

結語：主動整合科技與人力的對稱策略

在高科技主導的消耗戰時代，臺灣無法以數量對抗中國，但可透過「人機協作」、「彈道隱蔽」、「小型分散」與「資訊主動」等策略，以小搏大、以快制慢。唯有整合科技、制度與心理層面的韌性部署，才能在這場跨空間、跨時間的火力對耗中，保有生存與還擊的主體空間。

第四節　補給線、空優與「臺海空白」的運用

從戰線延伸到戰略縱深：補給線的戰爭本質

補給從來不是後勤問題，而是戰爭能否持續的生命線。在面對持久性、高強度的臺海戰爭場景中，補給線將決定前線戰力的續航、士氣的穩定與戰術行動的展開可能性。特別是當海空封鎖持續、港口機能受損、空中航道遭干擾時，補給成為最先被打擊、也最需保護的目標。

臺灣的戰時補給必須走向「分散式、多元路徑、快速替代」的韌性策略。除了傳統軍方倉儲與油彈補給系統之外，應強化各縣市物資自給能力、災難物資轉用戰時資源機制，並設立「民間補給線模組」，讓超商物流、油罐車隊與船運業在法律授權下轉為戰時支援體系。

第四節　補給線、空優與「臺海空白」的運用

空優轉變中的補給難題

空中優勢一旦遭受挑戰，臺灣補給將面臨「無法直送、必須繞道」的空間困境。中國將透過電子戰與飛彈封鎖壓制臺灣主要機場與空域，使得傳統空投補給與空運機調派面臨極高風險。

為因應此局，臺灣需擴展野戰機場與短場起降飛機（如C-130、V-22）使用比重，並研究高空滑翔補給模組、彈道式拋投器與無人機分批空投技術，讓補給作業能在低空、非對稱節奏下完成。同時，各地應設「空優喪失應變地圖」，讓後勤系統能依據空域狀況迅速改變補給流程，避免資源淤積與中斷。

「臺海空白」的運用：封鎖縫隙與縱深突圍

所謂「臺海空白」，指的是臺海衝突初期至中期之間，雙方因交戰焦點集中於數個主要空域與海面，而產生短暫的機動與補給縫隙。這些「空白」既是風險，也是機會——若能預測出現位置並適時穿越，將成為我方補給、撤離與反擊的窗口。

臺灣應建立「臺海空白推演系統」，結合 AI 戰場預測與衛星動態分析，鎖定中國軍力部署間的節奏盲區。每當敵方艦隊進行補給、無人機回收或兵力轉移之際，即可能產生短時間空白，可用來投放火力、穿越封鎖或重建通訊。

第十章　制空與制海的消耗戰

同時，各軍區應建立「突圍組合拳」，包括快速機動小艇、潛艦投遞、無人水面艦與偽裝補給船等非傳統載具，使我方能靈活穿梭於封鎖縫隙中，維持最低限度之戰略輸送功能。

港口與內陸交通節點的雙重強化

在海上補給風險極高的狀況下，臺灣的港口與內陸交通節點扮演決定性角色。應強化備用港（如花蓮港、布袋港、梧棲港）之夜間作業能力與防空設備，並設置模組化儲存與卸載架構，使每個港口都能在緊急時成為快速補給站。

內陸部分，需規劃「戰時公路通道地圖」，確保高速公路、省道與機場跑道可進行軍民物資協調運輸。並配合「車隊熱區輪值制度」，由各縣市輪值車隊每日定時集結待命，保障一旦主幹道路中斷，仍可由替代路線與人力拖運接力完成配送。

國際後援與空中補給廊道的再設計

在國際介入可期的前提下，臺灣應預設「多重空中補給廊道」：包含由關島、沖繩、馬尼拉、帛琉等地建立彈性支援通道。這些空中廊道不可單一仰賴美軍航線，而應多點分流、彈性啟動，並結合中型運輸機群與無人空運模組進行補給物資包傳遞。

此外，臺灣外交體系應與友盟建立「人道物資快速輸入協

議」,使戰時能以國際援助為名義進口醫療、糧食與電力備品。外交部與經濟部應在平時即籌設「戰爭後援品項名單」與「友邦備援倉儲」,確保國際補給不因手續而耽誤。

結語:補給即防禦,運輸即反擊

補給不是支援,而是防禦主體;運輸不是後勤,而是攻擊前導。臺灣唯有打造「靈活、多元、抗打擊」的補給體系,才能面對消耗戰的持續消解壓力。在「空優不穩、封鎖不定」的情況下,任何補給的成功都是一次戰術勝利。

第五節　案例分析:納戈爾諾－卡拉巴赫戰爭的無人機主導權

無人機從輔助工具到主戰武器的躍進

2020 年爆發的第二次納戈爾諾－卡拉巴赫戰爭,成為無人機作戰技術主導戰場勝敗的轉捩點。在這場亞塞拜然與亞美尼亞之間的衝突中,亞塞拜然大量運用由土耳其與以色列提供的無人機,特別是土製 Bayraktar TB2 與以色列 Harop 神風無人機,實現對敵方裝甲車輛、火砲陣地與防空系統的精準獵殺,顯示出無人系統在未來戰爭中的主導地位。

第十章　制空與制海的消耗戰

　　這場戰爭顛覆了過去依賴大規模地面部隊與傳統砲兵協同的作戰思維。無人機的應用範圍不再僅限於情報蒐集與戰場監控，而是實質轉化為主動攻擊與作戰節奏操控的第一線平臺。小型、廉價、機動性強且可低風險部署的無人機能在極短時間內摧毀大量昂貴裝備，打亂敵軍指揮節奏與後勤規劃，有效形成戰場壓制力，並大幅降低己方人員風險與後勤負擔。

資訊戰與戰場透明化的實時展現

　　納卡戰場上的無人機不僅負責實體攻擊，亦成為即時情報的載體。亞塞拜然透過無人機回傳之高解析度影像與熱顯像掃描，不但能快速辨識目標，亦能即時回傳至作戰中心進行火力配置決策。這種即時性的作戰回饋機制徹底改變了過去由師團級指揮鏈慢速回應的傳統軍事結構，提升整體部隊的靈活度與精準度。

　　進一步來看，無人機亦協助形成戰場透明化的結構。在多點部署之下，無人機可同時提供多角度情報視野，加速敵我辨識與敵方目標資料庫的擴充。亞塞拜然正是憑藉這種「資料驅動火力運算」模式，能夠即時調度後方砲兵與空中火力進行交叉打擊，形成戰術層級上的「數據優勢」壓制。

　　對照臺灣戰場情境，若解放軍大規模導入 AI 自動導航無人機與電子干擾型平臺，將造成臺方通訊、部署與戰場管控路線高度曝光，資訊保密與指揮鏈完整性將面臨前所未有的壓力。

第五節　案例分析：納戈爾諾－卡拉巴赫戰爭的無人機主導權

臺灣需未雨綢繆，建立全島「戰術反無人機網」，結合雷達、光學與紅外線感測器，並運用電子干擾、網路迷彩、假訊號系統與陣地靈活位移，形成對無人機之縱深防禦機制。

精準消耗與非對稱戰爭典範的確立

納卡戰爭中亞塞拜然展現了「以低價高耗」的戰術效率，一架價值不到百萬美元的 TB2 無人機可摧毀動輒千萬美元的 T-72 戰車與 S-300 防空飛彈系統，達到戰術與經濟的雙重消耗效果。這種非對稱消耗戰術不僅降低我方軍費負擔，也提高敵軍指揮官在調派主力武器上的心理壓力，使其戰略調度更為保守與僵化。

對臺灣而言，此類策略啟發極大。未來若遭遇無人機主導的突襲場景，應積極發展「城市密集偽裝系統」與「假目標模組建置」，例如充氣雷達站、熱源發電機與動態光影誘餌，使敵方無人機誤判、誤炸、誤投，進而稀釋敵方打擊效率。同時亦應推動以低成本、模組化無人機反制無人機，並搭配 AI 自動偵測與干擾演算平臺，創建成本反轉優勢，強化作戰自持性。

後勤系統與社會心理的雙重挑戰

無人機戰爭不僅是軍事技術對決，也是後勤與心理戰的試煉場。納卡戰爭中亞美尼亞在前線損失大批戰車與防空設施後，

第十章　制空與制海的消耗戰

其軍需運輸線受阻、補給困難，進而影響士兵士氣與國內支持度。亞塞拜然則透過影片宣傳攻擊成果，有效動員國民輿論支持與國際輿情風向。

臺灣若進入無人機主導的混合戰場，必須強化「彈性式後勤運輸網」與「心理抗壓系統」兩者並進。前者包括分層式倉儲設計、機動彈藥車建置、無人補給機與地下補給鏈的重構。後者則包括災後心理支援、社區安撫、資訊誤導修正與全民演練經驗的實質累積。尤其在無人機攻擊極可能鎖定都會區與戰略設施的前提下，民眾對應變節奏與資訊認知的準備度，將直接影響整體社會穩定。

此外，應加強媒體戰演練模擬，由政府與非政府組織共同成立「戰時資訊整合中心」，每日推送可信賴資訊、反駁錯假消息、更新撤離與避難指引，減少社會恐慌與謠言擴散。國家心理韌性，將成為無人機時代另一條看不見的戰線。

結語：納卡戰爭對臺灣的啟示

納戈爾諾－卡拉巴赫戰爭雖規模有限，但其戰術與技術革新意涵深遠。它提醒臺灣在未來戰爭中應不僅重視高價值平臺建置，更要關注「多層偵防整合」、「低成本高殺傷力武器部署」與「社會心理防禦」等系統韌性架構。無人機的出現不只是科技進步，而是整場戰爭邏輯的根本改寫。

第五節　案例分析：納戈爾諾－卡拉巴赫戰爭的無人機主導權

在高度資訊化的現代戰場，戰術彈性、技術轉譯與社會心理的抗震力已成為三大國防支柱。臺灣必須走向全民防衛體系的深化，不僅布建機具與設施，更要建立制度與文化，使科技防衛與人文抗戰同步推進。納卡戰爭不是終點，而是未來戰爭樣貌的前哨預演。

第十章　制空與制海的消耗戰

第十一章
城市成為戰場：
臺灣本島作戰場景推演

第十一章　城市成為戰場：臺灣本島作戰場景推演

第一節　城市游擊與基層防禦編組模式

城市戰場的戰略意義再定義

當傳統戰爭逐漸朝向混合作戰與非對稱衝突演進，城市不再只是人群密集的經濟中樞，更可能轉化為戰場決戰的核心。對臺灣而言，城市具有兩面性：一方面是戰略資產，一方面亦可能成為敵軍心理戰與突襲的焦點。因應此，臺灣必須將「城市游擊戰」與「基層防禦編組」納入全民防衛體系核心架構中。

游擊作戰的空間運用與戰術調整

城市結構天然具備複雜的地形優勢，包括多層建築、地下管線、狹窄巷弄與民用基礎設施，這些構造能有效削弱敵軍重型裝甲的機動性與視野掌控。臺灣可借鑑黎巴嫩真主黨、伊拉克反抗軍與烏克蘭馬立波守軍的游擊經驗，發展出「城市斷鏈打擊」、「伏擊網點循環」與「掩蔽射擊跳躍」等戰術模型。

具體而言，可在社區內預設伏擊點與通道接駁線，由熟悉地形的志願民防編組與特戰小組配合執行短時段打擊任務，再迅速轉移至下一區域。此種模式除可提高我方存活率，更可對敵軍形成心理壓力，迫使其兵力分散、士氣鬆動。

第一節　城市游擊與基層防禦編組模式

基層防衛編組的組織化與模組化設計

城市防禦不能全然仰賴正規軍，基層編組乃其根本。臺灣應落實「社區防衛編組制度」，以里鄰為單位，由里長與民防幹部主持，編入退役軍人、救護志工、青壯年志願者與警民合作組成地區性戰鬥單位。每一組織單元皆具自我防衛、敵情回報、簡易破壞與第一線傷患轉運能力。

更進一步，應設計「防衛模組包」供基層部隊使用，內容包含輕武器、無線通訊器材、醫療包、爆裂物感測器與民用迷彩裝具，並提供年度演訓與任務模擬。模組包應根據不同地形區域分類（如住宅型、商業型、工業型）進行分發與教學。

整合軍警消醫與民間資源

城市游擊作戰之成功，有賴軍警消醫等體系整合與即時協調。國防部應與內政部、衛福部、消防署等單位合作成立「城市戰時應變協調中心」，建立跨部門應變 SOP，並於每個直轄市與縣市設置「都市防衛演訓基地」。

臺灣各大醫院、工業園區與大型商場應納入都市防衛協議範圍，指定緊急收容站、補給站與交通指揮點，由私部門人員與政府協同運作。並透過戰時徵用制度，預先調查可轉化為「戰術資產」的空間與資源，如地下停車場、基礎設施井道系統、儲水槽與物流中心。

第十一章　城市成為戰場：臺灣本島作戰場景推演

建立數位化戰場指引與群體戰術平臺

　　科技的應用是城市游擊與基層防禦模式成敗的關鍵。建議開發「城市戰場導航 App」，將戰時避難路線、醫療點、伏擊建議區、敵情即時圖資整合於單一平臺，開放給授權民防單位使用。該平臺應具離線作業能力，並由中央資料庫每日更新資訊。

　　平臺另可設有「任務模擬模組」與「戰術反應模擬器」，供使用者透過 AR 方式練習敵襲應對與游擊戰行動決策，提升全民反應與心理預備能力。

結語：將城市從軟肋轉化為堡壘

　　在面對大國可能的突襲與強壓之下，城市若僅被動守備，終將成為對方心理戰與兵力包圍的焦點。唯有將城市主動轉化為「層疊戰場」、「流動堡壘」與「全民防衛網」，才能真正發揮地形優勢與社會韌性。這不僅是戰術問題，更是國家治理與社會凝聚的終極考驗。

第二節　大樓 vs. 戰甲：市區作戰的優劣勢比對

重裝甲部隊的市區困境

　　城市環境對重裝甲部隊而言是一個充滿挑戰的戰場。大樓林立的街區限制了坦克和裝甲車的機動空間，使其無法發揮速度與轉向優勢。巷弄狹窄、十字路口頻繁、視野受限，導致重裝甲部隊極易遭受來自多角度的伏擊，尤其是高樓上的反裝甲武器或掩體中的近距離攻擊，使其難以防範。

　　此外，混凝土建築對爆炸有天然的緩衝效果，重型火力難以造成快速破壞，反而需要高精度導引與彈藥支援，造成彈藥消耗加劇。城市戰場中的通訊干擾與 GPS 定位偏差，亦會影響重裝甲部隊的協同與指令傳遞。

大樓優勢：縱深、防禦與心理壓制

　　大樓作為城市戰場的主要結構單位，具備天然的縱深與遮蔽性，是防禦作戰的重要資產。無論是高樓、公寓或辦公大樓，其多層空間可提供觀察哨、射擊點、彈藥儲存與醫療設施，形成「層層遞進」的防線架構。

　　樓梯間、電梯井、地下停車場等設施亦可轉化為戰術移動通道，使守軍能迅速轉換位置、避開正面衝突並展開伏擊。高

樓層能提供長距離觀測與射擊視角，壓制地面部隊心理。防守方若將建築結構預先強化、進行開孔布射、管線改造與假目標設置，將進一步提升城市防禦的有效性。

攻守轉換的非對稱關鍵

在城市戰爭中，大樓與戰甲的對抗本質是一種攻守不對稱。攻方須主動突進、承擔高風險暴露；守方則憑地形熟悉與節奏掌握，可進行低風險、高傷害的打擊。若能由守方有效組織城市游擊與基層編組，運用便攜式反裝甲武器（如 AT4、NLAW）、IED（簡易爆炸裝置）、破甲榴彈與火箭彈，即可使大樓成為「殺甲陷阱」，迫使敵軍放慢推進速度並消耗士氣。

而大樓本身若配置可移動火力單位，如輪式迫砲車、無人機偵察點、狙擊塔與廣播干擾系統，亦能在資訊與火力層面形成優勢，使其成為城市作戰的節點要塞。

作戰模擬與建築標準的戰時轉換

臺灣應推動「戰時建築資產轉化計畫」，對特定建築物進行模組化設計與加固，使其兼具平時使用與戰時防禦功能。例如：地下停車場預設為戰時集結所、商辦大樓改造為野戰醫療站、住宅區中庭作為反裝甲布雷與觀測區。

同時，國防部可透過 VR 與 AR 模擬平臺，針對都市地形

建構戰場模擬模型，提供作戰部隊與民防系統進行「大樓 vs. 戰甲」的模擬對抗訓練。這些模擬不僅能提升反應速度，更能強化跨單位協同作戰能力。

結語：將混凝土森林轉化為鋼鐵防線

當敵軍裝甲部隊進入都市，其本身即步入危險地帶。唯有善用建築物的結構縱深、視線優勢與心理影響，加上基層組織的靈活編組與戰術節奏掌控，才能在強敵面前打造有效制衡機制。城市不是死地，而是戰術創新的活棋盤。

第三節　城市撤離、避難與人道災難預測

城市戰爭下的人員移動困境

在城市作戰中，最艱鉅的挑戰之一並非軍事對抗本身，而是如何處理大量平民的撤離與安置問題。臺灣作為高都市化國家，超過七成人口集中於西部城市地帶，一旦戰火逼近，將瞬間產生數百萬人次的移動壓力。

平時交通依賴高速公路與捷運系統，但在戰時可能面臨飛彈攻擊、橋梁破壞與交通號誌失靈等情境，導致主幹道路中斷。此時若無完善的替代路線規劃與即時分流指引，將造成災難性堵塞與逃難踩踏事件，成為戰場上無形的重大傷亡源。

第十一章　城市成為戰場：臺灣本島作戰場景推演

避難空間設計與啟動機制

目前臺灣多數避難空間集中於地下室、防空洞與地下停車場，但這些空間的通風、水電與物資供應系統在戰時是否能持續運作，仍有待檢討與強化。應建立「三層級避難網」：第一層為社區避難所（就近庇護）；第二層為區域性避難站（可收容百人以上並具基本醫療機能）；第三層為長期疏散基地（具備衛浴、食物、睡眠與通訊功能，供長達一週生活使用）。

此外，應開發避難所地圖 App，整合全國即時避難資訊、避難所容量預測、通訊備援與家屬追蹤機制，供民眾在斷電與通訊不穩的情況下仍能查詢最鄰近的安全據點。

跨區撤離與高風險族群照護策略

針對老人、病患、學童與身心障礙者等高風險族群，應設計專屬撤離方案。例如與各縣市的復康巴士系統與長照服務合作，在戰時轉為「行動庇護輸送車隊」，由預約制轉為緊急調度制，確保每個社區至少能支援一班高優先撤離車隊。

各地學校與安養機構應列為「第一波撤離區」，由國防部與教育部協調成立戰時轉運站，集中由特戰、消防或民間志工單位負責搬運、照顧與護送，並提前於和平時期進行演練與模擬。

第三節　城市撤離、避難與人道災難預測

人道災難的預警模型與救援節點配置

城市戰爭極易引發複合式人道災難：包含醫療資源耗竭、水源汙染、糧食斷鏈與疾病爆發。為減少此類災害傷亡，應推動「人道預警模擬系統」，由中央氣象局、衛福部、國防部與民間科技企業合作，以 AI 模型預測可能災難熱點與資源短缺節點。

在各都會區預設「人道救援節點」，每 3 公里一處，整合醫療急救、飲水供應、臨時收容與心理輔導，並以無人機或裝甲車每日定時運補。並設計「災後 48 小時生存包」由民眾家庭平時自備，戰時可統一配給。

結語：從疏散效率到社會韌性的全面考驗

城市作戰不可避免，但人道災難可以預防。唯有及早設計「分層撤離」、「模組避難」、「高風險照護」與「災後韌性恢復」體系，並落實全民教育與政府演練，方能在混亂之中保有秩序，在危機之際保住民心。避難不只是逃離，更是守住戰後重建與社會希望的起點。

第十一章　城市成為戰場：臺灣本島作戰場景推演

第四節　軍民界線模糊與戰爭道德爭議

非對稱戰爭下的界線模糊現象

在現代城市戰爭中，軍人與平民之間的界線日益模糊。非對稱作戰、游擊戰術與民間防衛力量的介入，使得傳統「戰場與後方」、「戰鬥員與非戰鬥員」的區隔變得曖昧不清。敵方可能在學校、醫院、宗教場所部署武器，而友方亦可能將民間資源動員為偵查、補給與遮蔽之用。

這種軍民交錯的現象，對國際人道法構成挑戰。根據《日內瓦公約》規範，平民不得成為攻擊目標，非軍事設施亦應受到保護，但當敵對行為藏身其中時，這一原則便容易被迫轉化為作戰選項，引發連鎖爭議。

都市防衛體系的法理邊界

臺灣推動全民防衛體系的過程中，社區民防、志工組織與民間科技團體成為不可或缺的協力者。然而，一旦這些單位在戰時執行觀測、通訊或阻絕行動，是否仍屬「非戰鬥員」將成為灰色地帶。若遭敵軍反制攻擊，是否屬合法軍事行為，極易引發人道危機與道德論戰。

因此，臺灣應建立明確的「戰時角色認定準則」，將民防人員、志工單位與參與防衛的基層力量依法登記，並穿著識別

第四節　軍民界線模糊與戰爭道德爭議

服、遵守軍事指揮，方可依法獲得《國際人道法》保障；否則不僅難以取得國際同情，亦可能導致平民誤殺與輿論崩解。

武器部署與非戰鬥區的灰色交界

另一爭議源自「非軍事空間軍事化」的戰術選擇。敵軍可能選擇在民宅、醫療機構與文化遺產區部署飛彈與指揮所，以圖牽制我方火力投射與輿論攻勢。若我方反擊，將面臨平民傷亡與國際指責；若不反擊，則容許敵軍建立灘頭堡。

在此情境下，臺灣應建立戰場資訊透明體系，將戰場攝影、無人機影像與敵軍違規部署實證即時上傳至國際平臺，使國際社會見證軍民界線模糊的責任所在。結合民間監督組織與媒體團體，建立「即時事實查核作戰單位」，在戰場與輿論場同時出擊。

心理戰與假訊息對倫理界線的衝擊

軍民界線的模糊亦可能被資訊戰進一步扭曲。敵方常藉由製造假影片、虛構屠殺、誤導圖片等，模糊戰爭真相並摧毀社會信任，使民眾陷入對政府、軍隊與媒體的普遍懷疑中。此一策略將破壞城市防衛網的社會根基，使城市自身成為「心理戰戰場」。

臺灣應強化「資訊倫理教育」與「戰時媒體信任機制」，建立全國性假訊息澄清平臺與教育頻道，使民眾能分辨資訊真偽，

第十一章　城市成為戰場：臺灣本島作戰場景推演

避免成為心理戰的受害者與不自覺的傳播者。並於平時強化媒體素養教育，將「批判性思考」納入國中以上教育課程中。

結語：以法治與倫理建構防衛正當性

軍民界線的模糊並非不可避免，但若無制度、準則與國際支持，將使城市防衛淪為災難導火線。臺灣須建立「戰時行為準則」、推動「軍民分工協議」與「資訊公開監察制度」，確保在城市作戰中仍能維持法治、人道與道德的基本界線。這不僅是打贏戰爭，更是贏得和平的前提。

第五節　案例分析：敘利亞內戰中的阿勒坡城戰

阿勒坡的戰略價值與城市化衝突

敘利亞內戰中，阿勒坡（Aleppo）戰役堪稱城市戰爭的經典案例。這座歷史悠久的城市不僅是敘利亞的經濟重鎮，更是多民族、宗教與政治勢力交織的樞紐。從 2012 年開始，阿勒坡被反政府勢力與敘利亞政府軍分割統治，成為持久交戰的前線，歷經數年逐區激戰，並逐步演變為城市全面戰爭的代名詞。

第五節　案例分析：敘利亞內戰中的阿勒坡城戰

軍事行動與民間空間的交疊困局

在阿勒坡，軍事據點與民生設施高度重疊。反抗軍常在學校、清真寺、醫院與市場設置指揮所與火箭發射點，政府軍則以重砲與空襲進行大面積掃蕩，使得平民傷亡與基礎設施破壞極為嚴重。大量無人機航拍畫面與衛星圖像顯示，整個城市的住宅區已轉化為彈坑交錯的戰場，幾乎無一倖免。

這種空間重疊的戰術，不僅使城市難以辨別戰鬥區與安全區，也讓國際援助與人道觀察失效。在阿勒坡後期戰事中，紅十字會與聯合國援助車隊頻繁遭襲，導致各方對城市戰合法性的論辯白熱化。

人道災難的複合型爆發

阿勒坡的戰爭造成數十萬平民流離失所，醫療系統崩潰，電力與供水中斷數月以上。2016 年聯合國報告指出，阿勒坡東區有超過 10 萬名居民被圍困，糧食與藥品供應完全依賴空投與地下走私管道。

城市封鎖、無差別轟炸與持續戰鬥造成的心理創傷，導致當地自殺率、兒童焦慮與精神障礙指數飆升。如學者麥可·伊格納蒂夫（Michael Ignatieff）指出，這是一場「在世界目光下無聲發生的集體懲罰」，突顯當代戰爭如何系統性摧毀社會機能。

第十一章　城市成為戰場：臺灣本島作戰場景推演

城市戰爭與國際法的失靈現象

儘管多數交戰雙方聲稱遵守《日內瓦公約》與國際戰爭法，但在阿勒坡的實際戰況中，平民區成為實質交火區，學校成為兵營，醫院成為空襲目標，國際法幾乎無從落實。聯合國人權事務高級專員辦公室多次譴責雙方違反戰爭規範，但無實質制裁機制導致相關報告淪為紙上聲明。

這暴露出臺灣若未來進入高密度城市作戰時，也將面臨國際觀察與輿論裁決的高度風險。唯有預先建立可查驗的交戰準則、規劃非軍事區與人道走廊，並同步設立資訊公布平臺，才能避免成為國際輿論與制裁目標。

對臺灣城市防衛的警訊

阿勒坡的戰爭經驗對臺灣具有三大警訊。首先，城市若未事先進行戰術分區與資源備援設計，將在戰火中迅速崩潰。第二，民間基礎設施如電力、醫療與通訊一旦成為戰略目標，將使社會機能全面停擺。第三，資訊透明與法律依據將是國際支持的前提，不可忽視。

臺灣在平時便應模擬城市戰情境，設立避難所、分散資源與建立通訊備援網絡；同時要有倫理準則與影像監控系統，記錄並即時公開戰場資訊，以爭取國際社會理解與支持。

第五節　案例分析：敘利亞內戰中的阿勒坡城戰

結語：從阿勒坡城戰預見未來

　　阿勒坡不是歷史，而是預言。它顯示城市戰不再只是兵力對抗，而是社會體系、資訊控制與倫理合法性的綜合角力。臺灣若真要守住城市，不僅要備好武器，更要準備好人心、法治與透明。因為真正的城市戰，是能不能讓一座城市，在毀壞中，仍保有希望。

第十一章　城市成為戰場：臺灣本島作戰場景推演

第十二章
國際介入與區域聯盟的戰略遲疑

第十二章　國際介入與區域聯盟的戰略遲疑

第一節　美國：軍援？派兵？還是觀望？

戰略猶豫的歷史鏡像

美國在全球衝突中擔任過多次「保證者」與「施力者」的角色，從第二次世界大戰的歐洲戰場，到韓戰與越戰的亞洲介入，再到當前的烏克蘭危機，其決策常常在戰略與國內政治間拉扯。對於一場臺海戰爭的爆發，美國是否介入，如何介入，以及何時介入，不僅牽動東亞安全格局，也攸關其國際威信與印太戰略的延續。回顧過往，美國對韓戰的初期反應最具啟發性：當 1950 年北韓越過三八線時，美國先是在聯合國框架內主導行動，但實質上仍是在猶豫與壓力中踏出軍事行動的第一步。

戰略模糊的「清晰選擇」困境

美國在臺灣問題上長期奉行「戰略模糊」政策，一方面不明確保證會軍事協防臺灣，一方面又不排除軍事行動的可能性。這種模糊策略在戰爭臨近時將面臨轉化壓力。2023 年以來，美國國會多次提出《臺灣政策法案》草案，加強與臺灣的軍事與經濟連結，但行政部門始終維持模糊語態。根據布魯金斯研究院的報告（Bush, 2022），「戰略模糊」的優勢在於提供美中雙方一種避免擦槍走火的空間，但當中國啟動實質軍事行動後，這種模糊將迅速喪失效果，美國反而需在短時間內做出明確選擇。

第一節　美國：軍援？派兵？還是觀望？

軍援：支持但不涉入的最小承諾策略

若美國在臺海戰爭中選擇採取類似對烏克蘭的「有限介入」模式——即提供高科技武器、情資共享、戰場態勢評估與後勤補給支援，但不派遣部隊直接參戰——將有助於延緩中國進攻節奏，並強化美國作為民主陣營領導者的國際角色。然而，這種支援模式也將使臺灣需獨自承擔正面衝突的主要軍事壓力。

根據蘭德公司 2024 年的模擬研究，在單純軍援、不涉美軍直接介入的情況下，臺灣可望維持短期的制空權與沿海防禦，約可支撐 7～10 日。然而隨後，中方將逐步在戰場上取得優勢。當戰事進入第 14 日左右，若無外部軍力介入，衝突態勢可能迫使各方轉向政治談判與國際調停階段，以避免全面升級。這反映出有限軍援模式的戰略效果有限，且其有效性仰賴臺灣在初期階段的抵抗強度與國際社會的持續關注。

派兵：介入戰爭的全面承諾

直接派遣美軍協防臺灣將是最具政治與軍事風險的選項。一方面需調動部署於關島、沖繩及橫須賀的戰力，另方面也可能觸發中國對美軍基地的報復性攻擊，形成全面美中軍事衝突。2022 年美國國防戰略報告已指出，中國被視為「步步進逼的戰略對手」，若北京選擇對臺發動大規模登陸，美國出兵不僅是選項，更是維持印太區域平衡的關鍵行動。但這也意味著美國國

第十二章　國際介入與區域聯盟的戰略遲疑

內需面對新的反戰浪潮與國會撥款爭議,與 20 世紀初期的越戰初期階段極為相似。

觀望:最低成本與最高風險的選項

觀望並非真空,而是一種高張力的「等待賽局」。若美國選擇不即刻軍援或介入,僅透過外交聲明譴責並等待衝突自然終結,不僅可能使北京快速取得臺灣政經主導權,也將使周邊盟邦(如日本、南韓)對美國安全承諾產生質疑,重塑整個印太安全架構。過去英國在 1938 年綏靖德國的慘痛經驗即為警惕:短期穩定往往掩蓋長期風險。在戰略觀望中,時間成為敵人,美國若錯失黃金介入期,將難以扭轉戰局。

結語:結構選擇的邏輯模擬

本節採用賽局理論中的「囚徒困境」模型分析美國介入臺海戰爭的三大選項。若美國選擇軍援,臺灣則需加倍強化自身防衛工事與民防體系;若美國直接出兵,則有助於建立嚇阻效果但成本巨大;而選擇觀望則最大可能導致中國快速取勝,並損害美國在亞太的領導地位。此三角賽局無單一最佳解,唯有結合資訊透明、盟邦聯合應對,方能延遲或避開衝突爆發。

第二節　日本與澳洲的地緣角色壓力測試

地緣戰略的「邊界堡壘」角色

日本與澳洲作為印太區域的兩大地緣強權，其戰略地位在臺海衝突中不容忽視。日本距離臺灣僅有數百公里，其南西諸島鏈與沖繩的自衛隊部署，使其在戰略上成為第一島鏈的關鍵防線。而澳洲則作為南太平洋的穩定樞紐，其對於美國印太再平衡政策的支持，使其在區域聯防中占有重要角色。兩者皆非臺海直接當事方，卻難以置身事外。

日本的憲法限制與戰略調適

根據《日本國憲法》第九條，日本不得以武力解決國際爭端，但自 2015 年安倍政府通過安保法制改革後，自衛隊已獲得集體自衛權的解釋空間。這代表在盟國遭遇攻擊時，日本可行使有限度的軍事協助。若臺灣遭中國攻擊，美軍自沖繩或橫須賀基地出動，日本是否允許美軍使用其基地，以及自衛隊是否提供後勤與情報支援，將成為重要觀察指標。根據 2023 年日美安全諮商會議，日本已明確承諾提升西南諸島的防衛能量，並加強與美軍的協同演訓。

第十二章　國際介入與區域聯盟的戰略遲疑

澳洲的盟約承諾與防衛困境

澳洲作為美國的條約盟友，依據《澳紐美安全條約》(ANZUS Treaty) 對於地區安全事件具有協商與共同防衛的義務。然而，由於臺海距離澳洲本土尚遠，且澳洲本身缺乏直接利益牽涉，因此其是否動用軍力參與仍存有戰略彈性。根據澳洲戰略政策研究所（ASPI）2024 年報告，若美國介入臺海衝突，澳洲將提供情資共享與後勤基地支援，但實際派兵參戰則需國會特別授權。

壓力測試：軍事演訓與外交語言的限度

在中國軍事威脅加劇後，日本與澳洲皆積極參與美日澳三邊聯合軍演，如「利劍行動」(Exercise Keen Sword) 與「護盾行動」(Exercise Talisman Sabre)。透過多邊軍演來提升互操作性，是雙方應對突發軍事行動的預備策略。然而演訓畢竟與實戰不同，實際作戰時是否能快速部署與有效協同，仍有待驗證。更重要的是，外交語言的模糊與回應的曖昧，將影響北京對區域國家是否團結一致的判斷。

潛在衝突情境下的政策選擇

日本與澳洲在臺海衝突中的角色，受到多重變數牽制：一是國內輿論是否支持對外軍事介入；二是經濟上對中國的高度

依賴是否會抑制軍事參與意願；三是與美國的聯盟機制是否足以說服民眾其行動正當性。從 2022 年以來的烏克蘭戰爭可以觀察到，中等強權在面對大國衝突時，往往採取支持但不涉入的中介模式，但臺海戰爭若爆發於日本門前，其回應勢必更為直接與急迫。

結語：戰略模擬的聯合框架模型

若以「區域聯合行動模型」進行模擬，日本與澳洲在初期戰事中將提供偵察、指揮通訊支援、與後勤平臺供應；中期則視戰局演變調整部署密度與應對強度；而在長期則可能參與戰後重建或協助穩定區域秩序。此種層級分明的介入模型，既能維持主權決策空間，又能強化對美國聯盟的實質貢獻。唯此模式能否在高強度衝突下維持協調與信任，仍須倚賴戰前政治準備與民意共識的建立。

第三節　南韓、印度與東協：模糊與維穩之道

不對稱地緣壓力下的戰略模糊

面對臺海戰爭爆發的潛在危機，南韓、印度與東南亞國協（ASEAN）所處的戰略位置與國內結構，注定其難以採取如美、日等國般明確的政策立場。這三方雖在地理距離、經濟利益與

第十二章　國際介入與區域聯盟的戰略遲疑

軍事依賴程度上各異，卻同樣面臨一個核心挑戰：如何在強權對峙的壓力下，維持區域穩定與自身安全利益的最大化？這種模糊的戰略回應模式，不是被動，而是一種計算後的「主動穩定策略」。

南韓的兩難地緣與同盟政治

作為美國在東亞的重要盟友，南韓在面對中國崛起與北韓核威脅時，長期依賴美國的安全保障。然而，南韓與中國亦有深厚的經濟連結，尤其在半導體、鋼鐵與旅遊等領域。若臺海戰爭爆發，美國可能要求南韓提供情報支援、軍事基地開放甚至海空支援。根據 2023 年南韓國防白皮書，韓國政府強調「半島和平為優先」，未明言是否涉入其他區域衝突，這顯示其傾向於維持安全同盟的同時，避免直接捲入臺海戰事。

印度的區域自主與「戰略平衡術」

印度作為四方安全對話（QUAD）成員之一，近年積極推進印太戰略與海軍現代化。然而其外交傳統始終傾向「不結盟」思維，避免過度靠近任何單一強權。2020 年中印邊境衝突後，印度對中國戰略意圖日益警戒，但對於涉入臺海戰事仍持保留態度。新德里智庫「觀察家研究基金會」（Observer Research Foundation）於 2024 年的模擬報告指出，若臺海戰爭導致印太航道

封鎖，印度將以保障海上交通線為優先，可能派遣海軍至南海或麻六甲協助護航，但不會在臺灣本島周邊部署戰力。

東協的集體穩定傾向與內部分歧

東南亞國協自冷戰以來便秉持「不選邊」與「內政不干涉」原則，其區域整合的基礎來自於維持集體穩定而非軍事聯防。面對中國與臺灣之間的潛在戰爭，多數東協國家（如新加坡、馬來西亞與印尼）傾向於呼籲和平對話，避免衝突擴散。2023年東協高峰會中，對於臺海問題僅出現語帶保留的聲明，未明確表態任何支持立場，顯示出區域國家對於衝突升級的高度戒慎，與試圖維持外交中立的集體傾向。

模糊政策的潛在風險與代價

雖然維持模糊與中立能短期內避免直接捲入衝突，但這樣的政策亦存在長期風險。若中國成功占領臺灣，區域平衡將嚴重傾斜，進而影響南韓與印度在區域的自主性與安全邊界。對東協而言，臺海衝突可能引發難民潮與海域安全威脅，特別是對菲律賓與越南等鄰近國家。若沒有預備應變機制與多邊對話平臺，這些中立政策恐轉為被動應對，不僅無法穩定局勢，反而成為下一階段危機的引信。

第十二章　國際介入與區域聯盟的戰略遲疑

結語：建構性模糊下的維穩機制模擬

針對南韓、印度與東協的角色，可透過「建構性模糊維穩機制」進行政策模擬。初期可透過低調外交發言、援助人道物資與區域災難應對機制，建立非軍事介入框架；中期則透過與聯合國與非正式安全論壇（如 ARF）合作，維持外交對話與人道援助通道；長期則思考建構一個「印太衝突預警與應變平臺」，讓非直接當事國有角色可扮，並減少衝突溢出效應。這樣的模糊但具操作性的策略，可能是維繫南方陣營穩定最務實的途徑。

第四節　聯合國與國際法：和平還是制裁的工具？

聯合國的制度局限與多邊理想的落差

自 1945 年設立以來，聯合國被視為維持國際和平與安全的核心架構。然而，面對大國間的利益對立，安理會常常因五常之一的否決權而陷入決策癱瘓。以臺海戰爭為例，若中國涉入武力攻擊臺灣，作為安理會常任理事國之一的中國勢必否決任何針對其的譴責或軍事干預提案。這也意味著聯合國在第一時間難以發揮直接調停作用，只能訴諸於聯大聲明與非強制性決議，如同 2022 年俄烏戰爭初期的模式。

第四節　聯合國與國際法：和平還是制裁的工具？

國際法的合法性基礎與強制力困境

根據《聯合國憲章》第 2 條第 4 項，各會員國不得以武力威脅或使用武力破壞他國領土完整或政治獨立。然而，國際法的執行力仰賴國際社會自願遵守，欠缺統一制裁機制。國際法院（ICJ）與常設仲裁法院（PCA）雖能處理國家間爭端，但僅具象徵性裁決效力，無法強制落實。若中國宣稱對臺行動為「內政事務」，其他國家欲援引國際法制裁或反制，亦將遭遇法律定位與證據門檻的挑戰。

和平工具：對話平臺與人道走廊建構

儘管聯合國在高強度衝突下難以制止戰事，其周邊機構如聯合國祕書處、難民署（UNHCR）、人道事務協調廳（OCHA）等，仍可作為和平對話與人道援助的實質平臺。若臺海戰爭爆發，東亞與東南亞國家可依聯合國架構籌組「緊急人道支援通道」，對接臺灣本島的傷患疏散與物資補給。這樣的安排不需中國或美國主導，反可作為中小型國家的實質外交舞臺。

制裁工具：經濟聯合與政治封鎖的兩面刃

近年來國際社會對違反和平原則國家的處置手段，越來越仰賴經濟與政治制裁。例如：針對俄羅斯入侵烏克蘭，歐盟、美國與其盟邦實施能源禁運、金融封鎖與技術出口限制。若將

此模式套用於中國,一旦發動對臺軍事行動,雖聯合國難以制裁,但美日歐可啟動「同盟制裁」聯合行動。然此舉將對全球經濟造成巨大震盪,尤其在晶片供應鏈與全球製造體系上,反而可能導致被制裁國經濟轉向內循環,甚至獲得民族主義的國內支撐。

法律與道德的戰略矛盾

在國際實務中,合法性與道德性經常並不一致。一項行動或許違法,卻可被包裝為「維護秩序」的必要手段;反之,合法的中立態度卻可能導致人道災難擴大。若聯合國無法即時反應,是否該由「志願聯盟」介入臺海,挑戰傳統國際法框架?此問題如同 1999 年北約轟炸南斯拉夫時所引發的正當性辯論,至今仍未有定論。這場法與力的矛盾,將在臺海成為一次新的測試場。

結語:制度創新與法律重構的模擬模型

針對聯合國與國際法的制度性限制,可提出「衝突後法治介入模型」作為新架構。初期由非安理會管道建立「戰爭觀察機制」、中期設定人道走廊並監控戰爭罪行、長期則由特設法庭或國際仲裁機構處理重建與賠償爭議。此模型雖不具立即戰場制止效果,卻可為戰後秩序提供正當性鋪墊,並累積全球對戰爭責任的新共識。這正是聯合國未來功能演化的潛在方向。

第五節　案例分析：
韓戰爆發初期的聯合國軍決策過程

歷史背景：三八線的火光與聯合國的急應

1950 年 6 月 25 日，北韓部隊越過三八線全面入侵南韓，韓戰正式爆發。此舉引發美國與其盟國的強烈反應，也觸動聯合國有史以來首次以軍事力量回應主權國家間戰爭。當時的聯合國安理會能迅速通過介入決議，主要因為蘇聯代表基於抗議中國代表權問題而未出席，無法行使否決權（Goulden, 1982）。此一偶發性政治缺席成為歷史轉折點，使聯合國得以啟動第 83 號與第 84 號決議，授權組建聯合國軍支援南韓。

決策機制與權力委託的轉化

在安理會決議通過後，聯合國立即任命美國為聯合國軍指揮國，由道格拉斯·麥克阿瑟將軍（Douglas MacArthur）領軍行動。這項安排實質上等於將聯合國軍的指揮權交由單一強權管理，雖名義上由聯合國主導，實則由美國全面操作軍事與政治節奏。此種「國際合法性包裝下的單邊行動」，成為往後許多國際軍事干預行動的模式原型。

第十二章　國際介入與區域聯盟的戰略遲疑

多國參與與象徵性部隊配置

聯合國軍的組成涵蓋超過 15 個成員國，包含英國、加拿大、澳洲、法國、菲律賓與泰國等，然而除了美國以外，其他國家的貢獻多為象徵性部隊或支援人員。這顯示出「集體安全」的實質負擔仍落在主導大國肩上。儘管如此，多國參與的形式仍有助於建構道德正當性與外交支持網絡，讓軍事行動不致淪為單邊主義的延伸。

政策教訓：制度設計與戰略現實的衝突

韓戰初期的聯合國決策顯示，在制度上，聯合國擁有運作集體安全機制的可能性，但其實施效果高度依賴政治時機與成員國權力結構。若當時蘇聯未缺席，安理會的決議恐難以通過。這也提醒現代戰略規劃者，在面對如臺海衝突等危機時，無法一味依賴國際制度發揮即時效能，需預備多軌外交與區域聯盟應變機制。

結語：若聯合國重演韓戰模式？

若未來中國對臺發動攻擊，而安理會再度陷入否決僵局，是否能由聯合國大會仿效 1950 年 10 月的「聯合防禦決議」形式，授權自願國家組成「和平執行機制」？此舉雖難具強制力，卻可成為志願聯盟行動的國際法背書來源。這種模式亦呼應現代戰

第五節　案例分析：韓戰爆發初期的聯合國軍決策過程

爭中的「合法性外包」趨勢，即由多邊體系提供正當性框架，但執行交由有能力的大國與地區夥伴實踐。透過韓戰案例的深度剖析，未來臺海戰爭的國際應對策略，可從歷史中找到可行與可避的選項。

第十二章　國際介入與區域聯盟的戰略遲疑

第十三章
中國慘勝模擬：
贏得戰爭、輸掉國家

第十三章　中國慘勝模擬：贏得戰爭、輸掉國家

第一節　勉強登陸後的社會崩解與制裁洪流

戰術成功、戰略災難的起手式

假設中國在臺海戰爭中以極高成本勉強登陸成功，雖表面上取得軍事勝利，但隨之而來的社會與政治代價卻迅速浮現。第一波空襲與兩棲作戰造成的資源消耗，使得中國東部沿海地區民生物資嚴重短缺，物流與通訊基礎設施受創，不僅民眾生活受到衝擊，政府應變能量也面臨崩潰邊緣。類似情境可比擬為俄羅斯於 2022 年入侵烏克蘭初期雖迅速推進，但國內資源重新分配困難與後勤壓力劇增，反而導致社會不穩與民心浮動。

制裁連鎖反應與供應鏈崩潰效應

一旦中國對臺動武，將引發歐美與日韓澳等盟邦立即性全面制裁，包括金融體系凍結、科技出口禁令與能源禁運。中國在戰前多年仰賴的半導體與高科技設備進口，將瞬間被切斷；外資企業也會迅速撤離或暫停營運。根據國際貨幣基金組織（IMF）2023 年預測模型，一旦中國遭遇多國協調性制裁，其 GDP 將在第一年內下滑至少 6.5%，外匯儲備與人民幣匯率將同步遭受衝擊，引爆失業潮與物價飆升的雙重社會壓力。

第一節　勉強登陸後的社會崩解與制裁洪流

民眾情緒的裂解與資訊控制失效

中國政府向來仰賴強化宣傳體系與言論控管來維穩社會，但在高強度戰爭與經濟斷鏈的衝擊下，民眾將開始質疑戰爭正當性與執政能力。即使官方試圖以民族主義動員輿論，其有效性亦難持久。歷史上，1989 年天安門事件後的國內動盪與經濟遲滯已證明，當經濟與政治信任雙雙下滑時，群體動員風險與政治不穩便會接踵而至。進一步而言，資訊科技的進步使 VPN 與匿名平臺可更容易突破封鎖，政府將面臨前所未有的言論管理挑戰。

地方治理癱瘓與區域性社會危機

當中央政權將資源與軍力集中於戰場，地方政府勢必因財政困難與人力抽調而無力應對本地民生危機。特別是中西部與邊緣城市，其醫療、教育與基礎建設早已長期處於資源邊陲，一旦失去中央補貼，將迅速淪為社會抗議與逃亡潮的溫床。這種社會崩解情境，與 1979 年伊朗革命初期因地方秩序瓦解而導致的全國性混亂極為類似，顯示出中國若未能即時設法平衡軍事與社會投入，將迅速從「戰時統一」轉為「和平崩解」。

第十三章　中國慘勝模擬：贏得戰爭、輸掉國家

結語：內部穩定失衡轉化路徑

本節提出一套「三層級崩解模擬模型」：初期為資訊封鎖失效與群體情緒裂解；中期為地方治理癱瘓與資源爭奪；長期則導向政治信任崩潰與國家統合力喪失。此一模型借鑑自阿拉伯之春與委內瑞拉危機的內部崩壞進程，表明中國若選擇武力犯臺，即使短期內奪得戰術主導，最終可能輸掉政權正當性與社會穩定的基石。在面對高度互聯與全球制裁機制運作的 21 世紀戰爭場景中，這種「勝而敗」的模式，或許才是對極權體制最大的長期挑戰。

第二節　區域治理困境與城市失控風險

「戰區後勤優先」下的地方資源空洞化

戰爭進行期間，資源配置必然優先傾向戰區與軍事前線，導致內地區域無論在公共建設、人員分配、醫療物資供應等方面皆出現嚴重斷裂。特別是中國龐大的次級城市群──如成都、武漢、鄭州這類非首都級中心城市──雖在戰前屬於發展重鎮，戰後卻因後勤調度與財政斷鏈成為治理真空區。地方政府因稅收驟減與人力轉調，無力維繫基本服務，進一步引爆民怨與秩序崩潰。

第二節　區域治理困境與城市失控風險

城市治理體系的「碎裂化危機」

中國都市治理仰賴高度自上而下的指揮體系，地方官僚機構須承擔大量維穩與社會管理責任。然而，在大規模戰爭後的動盪局勢下，中央對地方的直接控制力下降，地方政府面臨資源短缺與行政斷裂的雙重困境。多數城市首長為政治任命，缺乏地方民意支持基礎，一旦中央無法提供即時指導與援助，地方治理將進入「碎裂狀態」，類似 1990 年代蘇聯解體初期各地區陷入「各自為政」的無序局面。

社會秩序失控與城市暴力溢出效應

當城市基礎設施癱瘓、醫療與糧食供應系統中斷時，極可能引發搶購潮、社會動盪與財產侵害案件的激增。在中國這類高度仰賴數位監控與密集警力維穩的城市體系中，一旦相關系統失效或警力被大量調往戰區，社會治安恐將出現真空，轉變為難以掌控的高風險區域。

回顧 2008 年四川大地震初期，部分重災區曾短暫出現治安失序與物資搶奪現象，民間協力、社區自助的行為大量湧現，顯示在公權力暫時缺位下，地方社群會迅速進入半自發性秩序維繫模式。

此類災後治理經驗，對於模擬戰時城市治安失控情境具高度參考價值。若未來中部或華北核心城市群接連出現類似斷鏈

第十三章　中國慘勝模擬：贏得戰爭、輸掉國家

與失序現象，恐將誘發跨區域的治理挑戰，進而演變為全國性社會穩定與政權合法性危機。建立戰時社會韌性與地方自主管理框架，將成為都市安全戰略不可忽視的一環。

政治忠誠與地方應變機制的失效

中共政治體系長期透過官僚選拔與升遷制度，培養出強烈向心力與中央服從邏輯。然而戰爭與經濟雙重衝擊下，忠誠機制可能不敵現實困境。當地方幹部無法取得中央撥款，也難以說服地方民眾接受配給或控制政策，便會出現「上有政策、下有對策」的潛在脫序行為。過去在大躍進與文化大革命期間，亦曾出現大量「報喜不報憂」與數據造假現象，最終導致高層決策與地方實情嚴重脫節。

結語：城市崩解的五階段進程

本節建構「城市崩解五階段模型」作為災後城市治理風險評估依據：第一階段為基礎設施破壞與後勤瓶頸；第二階段為物資分配失衡與民怨爆發；第三階段為警力調動與安全空窗；第四階段為地方行政癱瘓與自主組織興起；最終第五階段則為區域性自治傾向與中央失聯。此一模型說明中國城市治理系統雖高度集中，但也因此缺乏彈性與韌性，戰後將極易陷入「治理失溫」的深層危機，其結構性風險不容小覷。

第三節　國際反彈與一帶一路的斷裂

從經濟共榮到地緣反制的反轉劇本

「一帶一路倡議」(BRI) 自 2013 年提出以來，成為中國外交與經濟擴張的主要平臺，結合基礎建設、融資與雙邊貿易合作，遍布亞洲、非洲與歐洲多國。然而，若中國武力犯臺並付出高昂社會與國際代價，勢必激起全球對其擴張意圖的警惕與反彈。過往支持中國的開發中國家可能重新評估其對華依賴，先前受惠於中國資金與工程輸出的國家將面對內部政治壓力，並可能出現取消專案或重新談判債務的浪潮，從而加速「一帶一路」的系統性崩解。

外交孤立與多邊平臺的圍堵效應

中國若對臺動武，聯合國層級雖因安理會結構難以形成一致譴責，但美國、歐盟、日本與印度等國可透過 G7、QUAD 與 APEC 等平臺進行實質外交封鎖與地緣戰略圍堵。這些行動將使中國在亞非拉地區推行的經濟外交遭遇挫敗，原先以合作為名進行的基建投資將被貼上「戰略滲透」與「債務陷阱」的標籤。據經濟學人智庫 (EIU) 2024 年分析報告顯示，一旦出現此類高強度國際衝突，全球對中國投資信任將出現結構性滑坡，亞洲開發銀行與世界銀行對中國合作專案也將暫緩甚至取消。

第十三章　中國慘勝模擬：贏得戰爭、輸掉國家

技術制裁與區域合作轉向的連鎖反應

美國與歐盟近年逐步對中國科技企業進行出口管制與技術制裁，若戰爭爆發，這類措施將成為壓制中國全球影響力的首要手段。中國長期透過華為、中興與中國建築等企業介入第三世界國家的通訊與基建領域，但在戰後國際信用下滑情況下，這些企業將被全面排除於各國招標體系之外。原本依賴中國供應鏈的國家亦將轉向日本、南韓或印度等區域夥伴尋求替代合作模式，導致中國在全球供應鏈中的節點地位急遽下降。

海外資產風險與企業撤出潮

「一帶一路」的海外投資以國營企業為主體，若中國爆發對外戰爭，這些國營企業將首當其衝成為政治報復與經濟反制的對象。例如：中資港口公司在希臘比雷埃夫斯、斯里蘭卡漢班托塔等地的經營權，將可能遭遇當地政府以國安理由收回或重新審查。同時，大量中國民營企業亦將因戰爭風險與貿易封鎖紛紛撤離海外市場，導致中國長年擴張的海外經濟版圖出現急凍與反轉的趨勢。

結語：「戰略斷鏈」下的反作用力擴散模型

本節提出「戰略斷鏈下的反作用力擴散模型」，強調一旦中國啟動侵略行動，其原本透過經濟合作擴展的地緣影響力將逆

轉為國際聯合制裁的焦點。初期為技術封鎖與投資撤資潮；中期為債務談判與外交孤立；長期則演變為中國在全球話語權與制度建構能力的系統性滑落。這不僅意味著「一帶一路」倡議的終止，也代表中國在全球治理舞臺上的邊緣化加劇。

第四節　內部權鬥與戰後軍事權威擴張風暴

「勝利者該領導誰？」的政治難題

儘管在戰爭中取得短期軍事勝利，但中國的內部政治將因戰後重建與責任追究而陷入高度緊張。中共體制下，權力核心仰賴集體服從與中央集權，戰爭勝利可為軍方帶來社會威望，卻同時削弱文官體系的主導地位，形成軍政競合的新權力局勢。歷史上此種局面並非無前例，例如越戰結束後的越南，即經歷過一段軍事高層試圖主導國家政策走向的混亂期。

高層清洗與責任轉移機制的啟動

戰後若經濟低迷與社會不穩進一步加劇，執政核心極可能進行人事整肅以平息民怨。歷經戰事壓力測試後，部分軍事將領或政務高層將被指責準備不足或決策錯誤，成為替罪羔羊。這種情況可對照1982年英國福克蘭戰爭後的軍事與內閣改組，戰爭成敗被用來重構政治版圖。中國內部既有的「集體不問責」

第十三章　中國慘勝模擬：贏得戰爭、輸掉國家

文化可能因戰後壓力而被打破，開啟新一輪忠誠測試與體系整肅。

軍事體系的擴張與社會滲透風險

戰後軍方若握有高額預算與政治聲望，其角色可能由戰場推進至治理領域。例如，解放軍可能主導戰後復建工程、接管地方資源分配或涉入維穩行動，導致文官體制與地方政府邊緣化。這種情況可能造成軍事機構對社會與產業系統的過度介入，進一步削弱政策的多元性與透明度。如同埃及在2011年後軍方擴權的歷程，可能觸發軍人治國與社會「準軍事化」的長期趨勢。

權力真空與地方勢力的重新活躍

一旦中央與軍方進入權力再分配的角力期，原先被壓制的地方利益集團與派系勢力將伺機而動。特別是東部沿海財富集中的省分，在戰後若得不到中央有效扶持，可能逐步要求財政或制度上的自治。這類現象可能重現清末民初「地方割據」的歷史邏輯，形成中央權威與地方執行力嚴重脫節的局面，也為未來中國的政體穩定埋下不確定種子。

結語：戰後權力重構的三軌競合模型

　　為理解此一局勢，本節提出「戰後權力重構三軌競合模型」：其一為中央高層進行政治清洗與政策方向重設；其二為軍事體系滲透地方治理與社會經濟領域；其三為地方勢力重組並在真空中尋求擴權。三軌競合將使中國戰後不僅面臨重建成本，更將遭遇治理正當性與結構性穩定的深層挑戰。此模型亦可用於評估其他威權國家在戰爭後期轉折點所面臨的內部鬥爭與制度變形風險。

第五節　案例分析：蘇聯入侵阿富汗後的內爆警訊

　　蘇聯入侵阿富汗的戰爭，原本被設想為一場迅速奪取政權、鞏固外圍盟邦的行動，結果卻演變為拖累整個帝國命運的關鍵轉折。透過這一經驗，我們得以觀察一個大國如何從軍事部署走向體制瓦解，並從中提煉對中國潛在風險的對照指標。此一案例不僅是冷戰時期地緣政治的深刻寫照，更在當前地緣競逐升溫的背景下，顯現其時代的鏡射意涵。

第十三章　中國慘勝模擬：贏得戰爭、輸掉國家

軍事勝利的虛像與實質代價

　　1979 年，蘇聯以維持共產政權為名出兵阿富汗，展開一場長達十年且代價高昂的軍事行動。初期雖成功控制喀布爾與主要城市，但阿富汗廣袤山地的游擊戰術使蘇聯軍隊陷入持久戰泥沼，無法達成戰略性壓制目標。這場戰爭常被視為蘇聯「帝國衰亡」的催化劑，其軍事投入與社會成本造成了不可逆的國內動盪與權威耗損。

經濟枯竭與社會秩序裂解的前奏

　　戰爭持續消耗蘇聯經濟資源，使國內消費品短缺、基礎建設停滯，導致民眾對體制的信任嚴重崩解。與此同時，重工業優先政策與軍事開支擠壓民生資源，加深人民的不滿情緒。許多退伍軍人返回社會後面臨就業與心理問題，成為不穩定因素。社會秩序從中心至地方逐步裂解，為後續蘇聯解體埋下了深層伏筆。

官僚體系內部的分裂與無效運作

　　戰事進入中後期，蘇聯政府內部對於戰爭的正當性與資源分配出現嚴重分歧。軍方、黨內高層與情報單位意見紛歧，導致政策遲緩與決策互相牴觸。尤其 1985 年戈巴契夫上臺後所推動的改革政策與軍方意見衝突更加劇政局不穩。這類內部權鬥與共識失調，也可作為觀察戰後中國政局可能遭遇的高度對應風險。

第五節　案例分析：蘇聯入侵阿富汗後的內爆警訊

國際信任崩潰與地緣聲望衰退

蘇聯入侵阿富汗遭到西方強烈譴責與全面制裁，包括美國對蘇進行的科技與糧食出口限制，並引發1980年莫斯科奧運會的大規模抵制行動。蘇聯原有的國際聲望與第三世界盟友支持也在此期間迅速流失。戰爭未結束，外交孤立與經濟制裁已讓其陷入多方壓力包圍之中。中國若陷入類似狀況，其「全球負責任大國」形象將在短時間內崩毀。

鏡像警訊：中國模式的潛在重演風險

將蘇聯經驗與中國模擬結合來看，一旦中國對臺開戰後陷入國際制裁與社會成本螺旋，內部的官僚體系效能與政治忠誠也將遭遇考驗。若社會分裂、經濟斷鏈與高層意見分歧同步發生，極有可能重演蘇聯在阿富汗戰爭後期的結構性崩壞。這不僅是軍事戰略的反省課題，更是關於制度韌性與國家續存力的警示。

結語：結構性內爆五要素分析架構

本節建構「結構性內爆五要素模型」：一為戰爭持久化導致經濟失衡；二為社會信任快速流失；三為政治菁英群體分裂；四為國際體系信任崩解；五為國家正當性全面崩壞。此一模型不僅解構蘇聯解體前的徵兆，也可作為模擬中國未來在類似情境下的潛在風險參照，提供決策層進行戰略評估與危機預警的重要架構。

第十三章　中國慘勝模擬：贏得戰爭、輸掉國家

第十四章
臺灣慘勝模擬：
守住主權，失去繁榮

第十四章　臺灣慘勝模擬：守住主權，失去繁榮

第一節　反登陸成功後的基礎設施全面瓦解

勝利的代價：焦土之下的基建崩壞

假設臺灣在戰爭中成功阻止中共武力登陸，以海空聯防與縱深游擊守勢壓制敵軍行動，此一軍事成果雖保住主權，但對國土造成前所未有的破壞。第一階段的飛彈攻擊與網路癱瘓早已重創關鍵基礎設施，包括電力、水資源、通信與醫療系統；而後續的制海制空作戰與城鎮防衛更導致交通網路與港口設施大範圍癱瘓。整個西部走廊──從臺中、臺南至高雄──陷入能源斷鏈與物資調度失靈的狀態，宛如焦土化防禦策略的真實展現。

基礎設施的「三重斷鏈效應」

第一重為電力網與輸配系統的中斷，尤其是超高壓輸電塔與變電站作為首波攻擊目標，使大範圍斷電成為常態，導致水資源淨化、冷藏物流與醫療設備全面停擺。第二重為交通運輸網的癱瘓：機場跑道受損、高鐵與國道系統被飛彈精準打擊，南北物資與人員調度困難；第三重則為資訊與金融系統的中斷，中央銀行與大型金融中心遭網攻與實體破壞，臺灣支付體系陷入功能停滯，形成跨產業、跨區域的災難連鎖效應。

第一節　反登陸成功後的基礎設施全面瓦解

「戰時分流」與「災後重建」的政策瓶頸

由於戰事發展快速，中央政府在未及完全疏散與分流產業與公共設施前便遭遇大規模攻擊，使得臨時應變機制與備援體系無法充分啟動。中部與南部原本承載絕大多數重工業與物流節點，在短時間內失去運作能力，導致北部資源無法有效支援，進一步造成內部區域不平衡擴大。戰後儘管國際社會可能提供部分重建援助，但面對大範圍公共設施癱瘓，復原將面臨財政、工程與人力的三重瓶頸。

社會功能崩解與民眾心理衝擊

基礎建設癱瘓導致醫療救護體系無法即時反應，校園、超市與避難中心亦失去水電與網路供應，民眾長期處於物資不足與資訊隔絕的恐懼狀態。這樣的情境不僅可能激發搶購、抗議與逃難潮，也將重創社會的信任感與政府治理正當性。根據2024年國家災害防救科技中心模擬推估，若大臺北地區停電七天以上且交通中斷，恐將引發超過 80 萬人次的內部遷徙與逾百件暴動事件，形成結構性社會斷裂的導火線。

結語：韌性脆弱區域辨識與優先重建路徑圖

本節提出「戰後基礎建設重建優先順序模型」：以電力、水資源、醫療設施、運輸與數位通訊五大核心系統為評估對象，

第十四章　臺灣慘勝模擬：守住主權，失去繁榮

建構以區域韌性、關鍵性與復原成本為參數的排序機制。根據模擬，臺中港、高雄煉油廠、桃園變電站與南科園區為全臺最急需優先修復的節點；同時應建立「分區運作中繼基地」制度，將未受攻擊之次級城市如花蓮、嘉義轉化為臨時行政與物流中樞，以減緩西部城市群失能所帶來的治理與社會風險。

第二節　軍事贏、經濟敗：失去國際投資與連結

戰術勝利下的經濟災後景觀

在成功阻止中國武力登陸後，臺灣雖保住國家主權與民主體制，但整體經濟體系卻面臨空前衝擊。戰爭爆發對全球供應鏈的震撼波動、對臺灣本地產業與外資信心的瓦解，使得這場勝利伴隨著全面性的經濟代價。臺灣長期以高科技與製造業為核心的外向型經濟，在戰爭中首當其衝，台積電、聯發科等指標企業面臨斷鏈風險，國際投資者對於風險控管評估出現劇烈調整，資本外流與轉單效應隨即發酵。

外資撤離與「地緣風險重評級」效應

在戰爭前，臺灣曾是亞洲外資投入最活躍的市場之一，特別是高科技與綠能產業。但在衝突爆發後，金融市場恐慌性下跌，

第二節　軍事贏、經濟敗：失去國際投資與連結

外資出逃、匯率貶值與國債評等下修成為不可避免的結果。穆迪、標準普爾與惠譽等國際評級機構一旦下修臺灣信用品質，即使戰後穩定重建，也將在相當時期內被貼上「高風險市場」標籤。這種評級效應並非單純短期反應，而是地緣風險被重新內建於國際資本配置邏輯之中。

產業鏈重組與全球供應中心的位移

臺灣以晶片製造為全球關鍵節點，戰爭使臺灣企業無法正常出口，加劇國際對晶片供應鏈「中國因素」之外的新選擇壓力。南韓、日本、印度甚至美國亞利桑那州成為替代布局熱點。這種產業鏈的去臺灣化不僅限於硬體製造，也包含軟體開發與研發中心的轉移，使得戰後臺灣即使恢復產能，亦難重新獲得全球價值鏈的關鍵地位。根據美國商會 2025 年報告模擬，僅有約 52％的外商表示「戰後願意繼續投資臺灣」，其餘則轉向東南亞或歐美市場。

內部就業與經濟結構的斷層危機

外資撤離與產業中斷連帶導致大規模失業潮。特別是仰賴外銷的電子業、半導體業與機械製造業，將出現產能停滯與勞工大量流失。中產階級收入下滑、青年失業率飆升，將引發消費緊縮與房市重挫，進一步打擊服務業與地方經濟。更嚴峻的

是，財政資源須優先用於軍事與災後重建，導致社福與教育預算被迫削減，形成長期性經濟斷層。

結語：戰後經濟復原三階段策略藍圖

本節提出「戰後經濟復原三階段模型」：

第一階段為「穩定資本信心」——透過國際重建貸款、政府擔保基金與金融市場干預，暫穩匯率與股市信心；

第二階段為「產業再定位」——鼓勵本地企業轉向內需市場與數位轉型，並培育中小企業創新動能；

第三階段為「價值鏈重返談判」——透過與歐美日韓建立新一輪自由貿易框架與科技協議，嘗試重建臺灣在全球經濟秩序中的節點角色。

此戰後藍圖之能否實踐，仍仰賴國內穩定、外交空間與國際社會的長期承諾。

第三節　國內難民、政治重構與社會脆化風險

戰時移動與戰後安置的雙重挑戰

假設臺灣成功抵禦登陸作戰，但遭受密集轟炸與基礎設施破壞，將造成西部人口大規模向中部、東部及未受攻擊區域遷徙。

第三節　國內難民、政治重構與社會脆化風險

此類戰時人口移動將形成臺灣史上最大規模的內部難民潮。根據國防部與國家災防科技中心 2023 年模擬，若臺北、新竹、臺中等都會地區遭遇長期停電與空襲，每天可能有超過 20 萬人遷移至南投、花蓮、臺東等地，避難設施與社福資源將立即面臨超載。

避難治理與資源分配引發社會張力

戰後若缺乏統一指揮與明確安置政策，將導致各縣市間資源配置不均與責任模糊，進一步激化原住地居民與難民間的社會衝突。例如公共設施如學校、醫院被轉為避難所，當地居民服務受限，引發排擠效應與「我們先來」的認同對立。同時，災後重建資源若集中在主要城市，亦將造成地區失衡與「重北輕南」的新政治張力，甚至導致地方政府與中央政策出現執行裂縫。

政權正當性的再建構與社會信任重建危機

當政府面對數百萬流離失所的民眾、基礎建設瓦解與財政困窘時，若處理不當，將嚴重侵蝕國家政權的正當性。尤其是在民主社會中，選舉制度與政黨競爭機制若未暫停或重新安排，恐引發「民主與效率」的緊張對立。災後初期民眾對國家制度的支持度常呈現高點，但若重建進度緩慢或民生補助分配失衡，社會信任極易反轉為怨懟與抗爭。

第十四章　臺灣慘勝模擬：守住主權，失去繁榮

社會脆化指標的加速惡化

社會科學研究指出，災後社會脆化常表現在五大領域：一、青壯年失業率飆升導致犯罪與黑市興起；二、家庭解構與兒少失學；三、媒體與社群輿論分裂；四、宗教與意識形態極端化；五、心理創傷普遍化。臺灣作為開放社會，在戰後面對高度不確定性，若未提早建立心理照護體系與社會支持網絡，恐將複製如波士尼亞戰後般長期仇恨與政治分化情境。

結語：社會脆化預警與重建優先層級架構

本節提出「社會脆化三層預警模型」：第一層為「結構性壓力指標」——失業、貧窮、社福負載；第二層為「制度性信任指標」——政府滿意度、政策接受度、法治穩定；第三層為「文化心理韌性指標」——社群互助程度、媒體中立性與創傷照護覆蓋率。透過該模型可針對各區域進行風險評估，進而訂定重建政策的優先順序與配套機制，確保在軍事勝利後不因社會瓦解而功虧一簣。

第四節　文化與身分的再認同鬥爭

主權保衛後的集體意義重構問題

當臺灣在戰爭中成功守住主權與政治制度後,新的挑戰並非來自外部,而是內部社會如何解讀這場「慘勝」所帶來的歷史轉捩。戰後的社會將不僅僅面對重建問題,更將進入一場深刻的集體記憶與身分認同的爭奪戰。各種敘事力量——從國族論述、民主防衛到犧牲紀念——將爭相主導公共論述場域,形成「記憶政治」與「認同鬥爭」的新型社會張力。

戰後敘事分歧與世代裂痕擴大

不同世代、族群與地區居民將對戰爭過程與成果有不同的情感經驗。年長者可能傾向於強調捍衛中華文化與家園的集體榮耀,而年輕世代則可能聚焦於戰爭對自由與未來的代價。在災後資訊平臺與媒體極度碎片化的背景下,這種分歧將被不斷放大,導致歷史詮釋權的爭奪不斷升溫。特別是來自原住民、移工第二代或新住民家庭的族群,若未能在官方敘事中被納入,將進一步放大邊緣化感受,造成文化與身分認同的裂痕。

第十四章　臺灣慘勝模擬：守住主權，失去繁榮

教育制度與媒體敘事的再編纂壓力

面對文化再認同的社會期望，教育制度與媒體將首當其衝。教科書是否修訂戰爭內容？敘述方式是否強調民族抵抗還是人道悲劇？媒體是否將災後新聞導向國族凝聚還是制度檢討？這些選擇將形塑下一代的國族感與公民價值。若官方無法建立多元且具包容性的文化政策與課綱引導，將引發校園內外價值觀對立，甚至激化網路社群中假訊息與極端言論的擴散。

信仰體系與文化記憶場域的重組

歷經戰火摧毀的宗教場所、紀念設施與文資建築，將成為戰後文化重建的象徵工程。但此類場域重建的敘事意涵將牽動信仰與歷史的深層對話：例如烈士紀念公園是追念還是警惕？佛教、基督宗教與本土信仰如何參與集體創傷療癒？這些問題無法以行政命令解決，必須透過跨族群對話與文化中介團體的引導，建構「共同記憶」而非「競爭記憶」的文化治理架構。

結語：戰後文化認同重建的四階段框架

本節提出「文化認同重建四階段模型」：第一階段為「歷史資料的保存與開放」，建立戰爭檔案館與災難口述歷史中心；第二階段為「多元敘事的教育轉譯」，納入各族群經驗進入課綱與博物館；第三階段為「文化記憶場域的共創機制」，推動地方自

治文化策展與民間參與紀念設計;第四階段為「文化政策與法制保障」,透過立法保障戰後文化權與文化治理的長期性資源分配。唯有將文化與身分議題制度化納入國家重建藍圖,方能避免社會再次因記憶落差而撕裂。

第五節　案例分析:以色列 1973 年後的戰後社會裂痕

贏了戰場,輸了社會信任的以色列經驗

1973 年贖罪日戰爭(Yom Kippur War)是以色列歷史上的一場關鍵衝突。儘管以色列最終成功發動反攻並擊退埃及與敘利亞聯軍,保住既有領土並在軍事上取得優勢,但這場戰爭對以色列社會的衝擊遠比戰場成敗更深層。初期的措手不及與情報失靈重創了政府與軍方的公信力,造成一波又一波的抗爭與政治清算,改變了以色列民主制度的發展軌跡。這場戰爭也象徵著國家自我認同的危機與社會裂痕的加劇,成為現代戰後治理研究的重要典範。

政治責任風暴與領導信任崩解

戰爭結束後,以色列社會各階層迅速掀起針對情報與決策體系失效的聲討。退役軍人、殉職士兵的家屬與平民一同走上

第十四章　臺灣慘勝模擬：守住主權，失去繁榮

街頭，抗議政府未能妥善預防戰爭與保護國民安全。這股社會憤怒迅速升高，最終指向時任總理高塔・梅爾（Golda Meir）與國防部長摩西・達揚（Moshe Dayan），要求其下臺負責。阿格拉納特委員會（Agranat Commission）雖針對軍方與情報高層展開調查，卻對文官體系責任未作明確交代，反而引發更大民怨，動搖了執政工黨的根基，也導致1977年右翼政黨首次執政，開啟了以色列政治史的新篇章。

社會分裂與敘事競逐加劇

戰後，以色列社會對於戰爭的意義出現劇烈分歧。保守派認為這是一場生存戰爭，需強化國族認同與軍事準備，而自由派則主張檢討軍事過度主導的政策，提倡和平與制度改革。此外，不同族群之間的張力也明顯升高，阿什肯納茲猶太人與米茲拉希猶太人、宗教與世俗派系之間的隔閡被戰後資源分配與敘事形塑進一步激化。社會陷入長期的認同撕裂，這樣的情況使國內政策難以形成共識，也削弱了以色列對外外交與安全政策的整合能力。

軍事英雄主義與制度不信任的矛盾並存

儘管戰場上的英雄人物如艾里爾・夏隆（Ariel Sharon）因其率軍突破西奈防線獲得高度讚譽，甚至成為日後總理的重要政治資本，但整體軍方的制度性信任卻呈現斷裂。戰後社會在讚

第五節 案例分析：以色列 1973 年後的戰後社會裂痕

揚個別英雄的同時，也強烈批判情報體系與軍事決策圈的保守與傲慢。這種一方面崇尚軍事救國神話，另一方面卻無法掩蓋制度疏失的矛盾，使得軍隊在國族記憶中被賦予雙重角色——既是保衛者也是危機根源，進一步造成國家制度信任基礎的內部動搖。

結語：民主社會的戰後治理五要素

以色列的戰後經驗提供了民主國家在面對大型軍事衝突後，如何進行內部調整與社會重建的重要參考。其五大關鍵要素可歸納如下：

- 第一，建立制度性問責與透明調查機制，使戰爭責任能公開釐清，避免政治真空；
- 第二，推動教育與媒體的敘事多元化，促進跨世代與跨族群的共同理解；
- 第三，強化創傷復原機制，包括退役軍人就業、心理重建與家庭支持系統；
- 第四，強化文化多元整合機制，鼓勵社區間的對話平臺與包容性價值；
- 第五，確保政治輪替與選舉制度的正當性，讓社會在危機中仍能保持制度運作的韌性與合法性。

這些治理原則，對於未來臺灣若面對大規模戰後社會重建

第十四章　臺灣慘勝模擬：守住主權，失去繁榮

挑戰時，將具有高度的借鏡價值，提醒我們：真正的戰後勝利，並非止於保衛領土，而在於重建制度與修補社會。

第十五章
國際調停與和平協議的最後模擬

第十五章　國際調停與和平協議的最後模擬

第一節　調停架構：誰能促成？誰能執行？

和平調停的時機窗口與主體條件

在臺海戰爭的高烈度對抗後，若雙方均遭受重創而無法獲得決定性勝利，則將出現戰略僵局與談判窗口。這個時間點通常發生於軍事對峙逐漸失去效果，而政治壓力與民間疲勞同步升高之際。誰能主導這個和平調停進程，將成為地緣政治的新焦點。歷史經驗顯示，調停者須具備三項核心條件：一、具備雙方信任與相對中立的地位；二、具有實質影響力或資源投入能力；三、能夠提供長期安全保證與監督能力。

大國調停者的資格與限制

美國作為臺海局勢中的安全主導者與臺灣實質盟友，其調停角色具有特殊雙重性。一方面美國有能力促成談判與提供安全框架，另一方面其涉入深度也可能使中國質疑其中立性。歐洲國家如德國、法國可能因與中美皆有經貿往來而具有相對中立地位，但其軍事與安全影響力受限。日本、印度、澳洲則因為區域利害關係過深而難以成為首要調停方。聯合國祕書處或國際紅十字會等組織雖具合法性，但往往缺乏實質執行力。

第一節　調停架構：誰能促成？誰能執行？

多邊架構與臨時機制的可行性分析

最佳的調停平臺或許來自「多邊暫行架構」，如「臺海和平工作小組」或「印太和平夥伴論壇」，由一組國家共同主導調停流程，並設立技術性祕書處與安全協議監督單位。這種模式類似 1990 年代挪威所主導的奧斯陸協議，或 2005 年歐盟與聯合國聯手介入的東帝汶重建框架。其優勢在於中立性提升與多方責任分攤，但也存在協調困難與決策延宕風險，需強化內部議事機制與危機處理預案。

區域角色與臺灣的主體性議題

在所有調停架構設計中，最敏感的問題即為臺灣在談判桌上的地位與話語權。中國可能主張「內政事務」框架限制臺灣談判資格，而國際社會則需衡量如何在不直接挑戰北京底線的情況下，保障臺灣的實質參與。類似問題曾出現在韓戰停戰談判中，中華人民共和國初期並未正式進入聯合國，但仍透過北韓代表團進行間接參與。為避免模糊引發後續紛爭，臺海模式需創設一種特殊代表席位、技術型工作組或公民代表觀察機制，以確保臺灣民意在過渡時期獲得基本展現。

第十五章　國際調停與和平協議的最後模擬

結語：戰後調停六邊策略框架

本節提出「戰後調停六邊策略模型」，包括：

- 調停發起國（如挪威型角色）；
- 主要利益國（美中雙方）；
- 中立安全監督機構（如聯合國、東協）；
- 技術談判團隊（由專家組成，主責文本草擬與法理確認）；
- 民間觀察團（如國際媒體、公民社會代表）；
- 戰後重建資金與安全保證方（如世銀、IMF、亞銀）。

此模型可有效整合多方立場，降低單邊壓力風險，並建立和平協議實施的監督與修正機制，提供臺海未來和平方案的制度雛型。

第二節　去軍事化、共同管治與臺海模糊協議模型

從軍事對峙走向制度安排的轉型挑戰

當臺海戰爭陷入僵局、雙方均無法以單方面武力解決爭端之際，最關鍵的和平設計環節將落在「去軍事化」與「共同治理」的制度架構建構上。這並非單純的停火協定，而是涉及長期

第二節　去軍事化、共同管治與臺海模糊協議模型

安全保證、行政安排與主權語言的戰略妥協。在地緣高度敏感的臺海，任何協議都無法以明確割讓或併吞為前提，勢必走向模糊協議（constructive ambiguity）的制度工程。此類安排不僅為雙方爭取更多內部政策轉圜空間，更為區域安全提供制度化緩衝帶，也為國際社會介入創造合法性框架。

去軍事化方案：安全緩衝區、軍力後撤與軍事信任重建

和平協議的核心機制在於降低軍事衝突再發生的可能性。為此可採取三種制度性安排：

一、設立「軍事非活動區」（Military Non-Activity Zone），禁止重型武器與部隊部署於臺灣海峽中線兩側特定距離內，並在該區域內設立水面與空中無人機監控機制；

二、建立「聯合觀察站」與海上巡邏任務，由中立國派駐人員監控動態軍事部署與演訓活動，並即時上報異常行為至監督機構；

三、推動「透明軍事行動計畫」，要求雙方定期公開演習行程與兵力分布摘要，設立危機熱線以防止誤判升溫。

第十五章　國際調停與和平協議的最後模擬

共同治理機制：臨時機構、專責平臺與分工合作架構

針對雙方在經濟、氣候、人道援助、公共衛生及自然災害管理等非主權核心議題，可設立「臺海事務協調委員會」，作為雙邊技術層級的常設接觸平臺。此類委員會可由國際機構擔任觀察顧問，如聯合國開發計劃署（UNDP）、國際移民組織（IOM）與東協祕書處等擔任執行協力者與政策對接方。初期合作項目可包括：船隻航行指引、公海漁業資源協議、防災演練、疫情資料共享與空中搜尋與救援任務協調等。透過低敏感度的領域建立互信基礎，逐步推進至中層事務協商與制度穩定化。

模糊協議語言的策略運用與範本借鑑

參考 1972 年《上海公報》、1998 年北愛爾蘭《貝爾法斯特協議》與 2015 年伊朗核協議的文本技巧，有效和平協議常仰賴語意模糊的策略性安排，以延後主權爭議的直接對抗。未來臺海模糊協議模型可包括：一、「未明確否認各自立場但允諾不單方面改變現狀」，以維持彼此政策彈性；二、「雙方尊重人民選擇的發展方式」，強調和平框架而非政治統一；三、「建立不設前提的對話機制與爭端解決平臺」，並允許民間社會及次國家行為者參與非正式談判空間。這些語言可透過多語版本與條文附件呈現，保留模糊空間又具可操作性，讓協議可延續性高、國內政治可接受度強。

第二節　去軍事化、共同管治與臺海模糊協議模型

結語：三層級模糊和平架構圖與時序推演

本節提出「三層級模糊和平模型」，分為：

- 第一層「安全穩定架構」——包括去軍事化、軍事觀察機制、危機熱線與聯合報告制度；
- 第二層「功能性合作架構」——涵蓋氣候變遷應變、漁業資源保育、海上航運安全、傳染病通報系統；
- 第三層「政治對話平臺」——由聯合國、東協或新成立的「印太和平機制委員會」輪值主持，負責召集年度協議檢視會議、技術談判與民間代表論壇。

此架構可分三階段執行：短期先聚焦低爭議領域合作；中期整合監督與回報機制；長期導向條約法制化與國際保障框架，並可能納入第三方安全保證（如美、歐、日）。如此分層模糊設計能降低主權爭議對談判的牽制，讓和平進程能以務實基礎推動，在避免意識形態零和對抗的同時，建構多元穩定的制度性基礎。

第十五章　國際調停與和平協議的最後模擬

第三節　聯合國過渡區？雙邊特區治理？

制度真空與主權模糊地帶的治理需求

當臺海雙方因戰爭對抗後進入和平協議階段,勢必出現一段過渡時期,雙方無法即刻重建互信,也無法立即釐清主權歸屬或制度安排,這正是「治理真空地帶」的典型情境。此一真空地帶既是軍事對峙中斷後的政治懸崖,也是民眾生活與行政秩序必須迅速恢復的第一道防線。為避免社會失控、國際信任破產與地方武裝勢力趁虛而入,設立具有彈性且合法的治理架構,是和平穩定延續的關鍵。歷史上,如1999年科索沃戰後由聯合國所設立的 UNMIK（聯合國科索沃臨時行政機構）,以及東帝汶的國際監管任務,都可作為主權爭議地區臨時國際治理的典範,提供臺海在制度設計上具體的參考路徑。

聯合國過渡區的功能與架構設計

若國際社會欲扮演和平保證者與制度監督者的角色,則可考慮設立「聯合國臺海任務團」,作為技術中立的行政、監督與安全機構。該任務團應由安理會授權或透過聯合國大會形成共識,其主要任務可涵蓋五個方面：

一、行政監管 —— 協助實地監測雙邊協議落實,包括人道走廊開放、難民與戰災民安置、重建資金監督與專案進度報告；

第三節　聯合國過渡區？雙邊特區治理？

二、安全維穩——部署非武裝維和觀察員駐守重要港口、交通樞紐、關鍵基礎設施與聯絡走廊，並設立聯合通報與快速反應中心；

三、選舉技術支援——若雙方同意由地方進行民主協商或地區自治公民投票，任務團將提供選舉技術與國際觀察；

四、公共衛生與災防協助——統籌區域疫病監控、醫療資源調配與自然災害應變計畫；

五、資料與資訊透明機制——建立一套可由國際觀察機構審閱的資訊平臺，避免誤解與謠言導致協議破裂。

雙邊特區治理方案與主權折衷模型

若雙方對全面國際介入仍心存疑慮，亦可考慮採取雙邊協商下的「準合作治理體制」。透過中國與臺灣各自授權代表，設立「臺海和平特區管理委員會」，進行共管安排。此委員會可由等額代表組成，設有獨立技術祕書處與功能性分工小組，並接受由第三方如歐盟、東協或瑞士提供的行政支援與技術諮詢。其功能設計上避開主權議題，專注於區域性政策協調，如漁業資源共享、公海航運與通關安排、防空識別區管理、天災應變與海上搜救協定等。制度特點為：行政合作機制、各自財政承擔、司法不涉統一，並可設立五年期回顧修正機制，形塑一種「延宕式主權調整」的治理策略，為和平過渡提供時間彈性與制度穩定性。

第十五章　國際調停與和平協議的最後模擬

結語：三種治理模型比較矩陣與延伸應用

為系統性評估各種治理架構的可行性與風險，本節設計「過渡治理三模型比較矩陣」，並依據未來實施時程、國際參與程度與區域可接受性進行交叉分析。

模型類型	主導機構	主權處理方式	優點	潛在風險
聯合國過渡區	聯合國與地區組織	主權擱置，過渡行政統治	中立性高、具國際法依據、信任資本大	中國或臺灣可能視為侵犯主權，安理會否決風險
雙邊特區治理	中國-臺灣雙邊委員會	主權暫不談，聚焦功能合作	彈性高、內部主權壓力小、技術性對話空間大	代表授權爭議、議事僵局風險、缺乏執行公信力
第三方受託管理	東協、歐盟或瑞士等中立機構	中間調和角色，技術主持	中立可信、具多邊支持、排除強權主導偏見	缺乏安理會授權，可能無法執行高風險任務

此外，這三類模型亦可依照區域特性混合採用，例如於臺灣周邊島嶼設立聯合國安全觀察區，而於中線地帶由雙邊特區治理委員會運作，並由第三方組織擔任聯絡技術角色，形成一種「三層混合式治理架構」。這種制度創新不僅有助於降低未來衝突爆發的可能，也有助於國際社會進一步建立臺海議題的治理前例與國際合作共識。

総體而言，這些治理模型的共同目標並非立即解決主權爭議，而是創造可管理、可預測、可調整的制度過渡環境。唯有如此，臺海地區的和平協議才能從文件走向實踐，從停火走向共存，為未來臺灣人民與國際社會鋪設一條穩定而具備彈性的制度之路。

第四節　和平的代價與人民的決策空間

和平的代價：從戰爭結束走向生活重建的多重張力

當一場毀滅性的臺海戰爭落幕，和平雖來之不易，但真正的難題往往開始於協議簽署之後。和平協議往往是在高壓情勢中急就而成，其本質是基於彼此無法獲得全面勝利下的妥協，這種妥協可能不完全代表大多數人民的期待。對臺灣人民而言，和平的代價可能包括：失去部分國際自主性、接受模糊主權條款與中立化軍事部署、配合區域共管架構、接受國際調停者在內政上的實質參與，甚至於外交與貿易政策上讓渡一定空間給和平穩定機制。這些安排可能為戰爭畫下句點，卻也種下未來國族認同再爭辯的種子。

歷史經驗屢次證明，和平條件若由少數政治與軍事菁英設計，缺乏社會討論與基層參與，其合法性將快速流失。以波士尼亞、黎巴嫩、蘇丹等國為例，許多和平架構即因社會未能真

第十五章　國際調停與和平協議的最後模擬

正內化其內容而出現破裂重演衝突的局面。因此，臺灣若欲建立一個具有社會根基的和平制度，必須從協議設計之初就納入人民的知情權與參與權，建立真正可持續的社會共識基礎。

<u>公民參與機制：協議正當性的關鍵支柱</u>

要讓和平具有真正的社會效力與情感連結，則必須賦予人民「後協議參與權」——不只是選票上的參與，更是落實在生活空間中的實踐。此種參與應包括諮詢、監督、回饋與修正等機制，並融入社會各界，從市民、勞工、農漁民、學生到新住民與少數族群，皆應有表達與影響的制度化管道。

具體實踐上，可包括：

一、舉辦全國性與區域性的和平協議公聽會與協議內容公開辯論；

二、成立「和平協議民主落實監督委員會」，邀集各界代表組成跨黨派、跨族群的公民平臺；

三、於各教育階段設置「和平理解課程」，讓年輕世代理解和平條件不僅來自軍事勝利，更是公民社會堅持的成果；

四、媒體與社群平臺配合開設「和平事實查核機制」，防堵陰謀論與假訊息破壞和平正當性。

第四節　和平的代價與人民的決策空間

主體性與自決權：在制度框架中尋找表達空間

　　和平若建立在脆弱的外部協議或強勢力量施壓下，其能否為人民認同與內化，往往取決於協議是否為「人民能說話的空間」。對臺灣而言，戰後和平的主體性不僅在於政府如何協商，更在於社會能否透過制度找到自我認同的載體。特別是在模糊主權架構、去軍事化安排與區域共治背景下，人民對「我是誰、我們要走去哪裡」的提問將變得更加迫切。

　　因此，和平條文中應明文保障人民的「文化自治」、「語言權利」、「民主決定機制」與「歷史記憶的詮釋自由」，並允許地方透過諮詢公投、自主區立法、公共文化資助等方式表達區域認同。這種非主權層級的自決，正是讓和平制度長期存在的穩定根基。

戰後社會的價值重建與制度韌性培養

　　戰後和平若僅止於停火與條文簽署，終將無法回應人民內心的創傷與焦慮。真正具備韌性的和平，需同步啟動社會價值的重建工程。臺灣社會長期因地緣、族群、歷史記憶而存在多重裂痕，戰後若缺乏系統性的療癒與交叉理解工程，將為社會脆化與政治極端主義再燃提供養分。

　　因此，必須啟動三大轉型工程：

　　一、制度層面設立「和平實踐指標」與「政策落實透明平臺」，如開放政府平臺、和平指標儀表板等；

二、社會層面推動「多語、多族、多世代」對話平臺,讓不同歷史經驗的群體互相認識與理解;

三、記憶層面建構「和平紀錄工程」,設立資料庫、數位博物館、戰後文學計畫與在地紀念碑,讓和平不只是官方文本,而是群體共同擁有的歷史體驗與文化資產。

結語:和平協議民主落實五環架構

為落實和平的制度基礎與社會認同,本節提出「和平協議民主落實五環架構」如下:

(1) 政策透明:所有協議條文應以多語版本公開,並提供具體條文解說與適用範例,設立「和平條文數位平臺」。

(2) 公民參與:設立跨縣市的和平審議平臺,採取抽籤公民會議、公民提案與地方諮詢制度,鼓勵全民參與。

(3) 教育傳播:設計中小學與大專「和平公民教育」必修課程,並鼓勵民間製作和平記憶紀錄片、漫畫與影展。

(4) 法治支持:透過國會設立「和平實施監督委員會」,並授權司法院成立「和平條文解釋專責單位」,避免協議內部衝突與誤用。

(5) 社會記憶建構:設立「國家和平紀念館」,結合資料庫、文創展覽與數位體驗中心,並設置地方和平故事牆與轉型正義修復基金。

第五節　案例分析：1995 年波士尼亞戰爭與《岱頓協定》的和平建構

　　這五環構成了一個從制度、參與、教育、法治到文化的閉環機制，為臺灣在走出戰爭創傷後建立一個可持續、可理解、可修正的和平架構。唯有讓和平落實於人民的日常生活、集體記憶與制度操作之中，和平協議才不會成為政治菁英妥協的空洞文本，而是人民自主選擇與實踐的新社會契約。

第五節　案例分析：1995 年波士尼亞戰爭與《岱頓協定》的和平建構

從戰場到談判桌：一場多邊斡旋的結構性和平樣板

　　1992 年至 1995 年間，波士尼亞戰爭爆發於南斯拉夫聯邦解體後的權力真空與民族主義高漲之際，成為冷戰結束後歐洲最血腥的衝突之一。波士尼亞戰爭牽涉三大主要族群 —— 波士尼亞克人（穆斯林）、塞爾維亞人（東正教）與克羅埃西亞人（天主教）之間的軍事衝突、種族清洗與領土爭奪，導致超過十萬人死亡，數百萬人流離失所。戰爭激化區域動盪，造成國際輿論壓力與人道危機升溫。美國於戰爭後期主動介入，結合北約空襲行動與外交手段，並邀請相關勢力於 1995 年 11 月在美國俄亥俄州戴頓空軍基地展開和平談判，最終促成《岱頓協定》(Dayton Agreement) 的簽署。

第十五章　國際調停與和平協議的最後模擬

《岱頓協定》架構：模糊中求穩的制度實驗

該協議的設計特色在於以現實妥協為基礎，並未要求三方立即就最核心的主權與國族認同爭議達成一致，而是創造了一種模糊且結構性的政治實體安排。波士尼亞與赫塞哥維納被設計為一個國際承認的單一國家，但其內部分為兩個高度自治的實體：波士尼亞克與克羅埃西亞人組成的聯邦（Federation of Bosnia and Herzegovina），以及以塞族為主的「塞族共和國」（Republika Srpska）。此一設計透過三人總統制（每個族群輪流擔任主席）、雙院制議會、聯邦與實體並存的司法與安全機構等共同機制進行治理，建立一種制度化的「分權聯邦模式」，以制度彈性來換取初步穩定。

外部監督者的角色：和平穩定的維繫者與推進器

《岱頓協定》的成功不僅來自簽署本身，更有賴於其後的執行與監督體系。協議授權設立「高級代表辦公室」（Office of the High Representative, OHR），由國際社會指派的高級特使監督波士尼亞的政治進程、法律改革、難民安置、財政監控與和平協議執行。該辦公室具備罕見的超國家權力，可解散官員、凍結法案並召集緊急會議。北約（NATO）則部署了維和部隊（IFOR，後續為 SFOR、EUFOR），確保地區安全並防止戰火重燃。這一國際－地方共治體系展現了「主權共享監督」機制的操

第五節　案例分析：1995 年波士尼亞戰爭與《岱頓協定》的和平建構

作潛力，也反映出和平協議在無信任基礎下必須依賴外部強制力量以確保落實。

社會層面的挑戰：和平制度與日常生活的斷裂

儘管《岱頓協定》成功中止戰爭，但和平體制未能有效解決深層社會對立。其民族分區與身分認同體制導致教育制度、媒體報導、就業機會乃至居住地區皆被劃分為族群專屬。例如：波士尼亞克孩童與塞族孩童使用不同教科書，學習完全不同版本的歷史，導致「平行社會」現象嚴重。即便政治制度維持表面穩定，但族群間的不信任感與仇恨言論持續流傳，選舉多以族群動員為主，治理效率低落，公民社會難以融合，波士尼亞在戰後近三十年內，依舊未形成穩固的國家認同。

對臺海模擬的啟示：制度設計的必要模糊與社會工程的不可忽視

波士尼亞經驗為臺海和平設計提供兩大重要啟示：首先，在主權無共識的前提下，「模糊化制度設計」可作為現實折衷方式，但其成敗取決於是否有足夠的國際監督與技術中立性支持，避免協議淪為形式與象徵；其次，和平若未結合社會整合工程，例如教育融合、族群記憶共創與心理創傷治療，即使軍事衝突終止，社會仍可能陷入冷和平（Cold Peace）與文化冷戰。臺灣未來若面對類似過渡協議，需警覺制度分權不應演化

為「心靈隔離」，並應預設文化連結、民主參與與公民協商機制，作為和平穩定的第二支柱。

結語：制度模糊－社會整合雙軌和平系統

根據波士尼亞經驗，本節提出「雙軌和平整合系統」作為未來臺海和平協議設計參考：

1. 制度軌

建立模糊但可操作的共管政治體制，包括雙元行政、三方或多邊協商理事會、跨海議題合作委員會、定期共同聲明制度與信任建立行動（CBM）。

2. 社會軌

成立和平與文化整合基金，設立多語教育協作平臺、跨族群青年交流計畫、就業平權推動、共用媒體平臺與戰後共同記憶建構計畫（如數位博物館、紀錄片與和平故事館）。

此模型強調和平協議不能僅止於政府間簽署條文，更應建立貫穿治理機制與社會實踐的雙層橋梁。制度模糊雖有其戰略功能，但若無社會連結為基礎，其和平便如同浮於表層的冰層，無法支撐長期穩定與未來信任的重量。因此，和平協議應被視為國家轉型的起點，而非終點，唯有制度設計與社會整合並進，方能為臺海開啟真正永續的和平時代。

後記

勝敗之外，我們真正失去與
必須守護的是什麼？

　　回顧全書所建構的模擬，我們並未設計一個單純「中國勝利」或「臺灣勝利」的結論。原因無他，因為在一場高度現代化、深度相互依存的戰爭之中，「勝利」的定義早已褪色，甚至變得無法辨識。若中國即便在軍事上壓制臺灣、成功登陸與占領，但在國內引發社會崩潰、全球經濟斷鏈與制裁洪流，最終導致體制搖搖欲墜，這樣的勝利是值得的嗎？

　　若臺灣抵擋住攻勢、維持主權，但在經濟瓦解、基礎設施癱瘓、數百萬人淪為難民，社會撕裂加深，是否能說「我們贏了」？這些問題的殘酷在於，它們並不屬於軍事沙盤推演的範疇，而是牽涉到人命、制度、文化與未來世代的倫理抉擇。

　　透過對中國「慘勝」與臺灣「苦勝」的平行模擬，我們看到的是一場雙輸結局的現實輪廓——戰後中國內部權鬥白熱化，社會撕裂並爆發軍事擴權危機；而臺灣則陷入孤立、經濟崩壞與社會重構的痛苦階段。這些不是理論假設，而是結合歷史案例與風險分析後的可行推演。

後記　勝敗之外，我們真正失去與必須守護的是什麼？

　　戰爭的勝敗，不能只計算領土是否得失、敵軍是否被殲滅，還要問：人民的心靈是否還完整？制度是否還有正當性？社會是否還能重建信任？未來是否還有選擇？若無法在這些指標上取得正分，哪怕軍旗高舉，也只是廢墟之上的旗幟。

　　本書在最後四章特別設計了戰後模擬，是因為我們深知，任何戰略設計若沒有為戰後留下制度空間與文化修復機制，那將是一種對未來的背叛。我們在中國模擬中反思蘇聯阿富汗戰爭後的內爆預警，在臺灣模擬中借鑑以色列 1973 年戰後的社會裂痕，最終透過波士尼亞的《岱頓協定》提出國際調停與和平協議的可能架構。這些案例既為歷史，也為明日提供了腳本。

　　那麼，兩岸之間是否有勝負之分？我們的回答是：有，但勝負的判準不能止於軍事，也不能僅止於主權，而必須延伸至「文明韌性」與「制度承擔力」。臺灣若能在戰火後維持民主機制運作、重建社會互信、培育文化認同與教育延續，那就是一種根本性的勝利；中國若無法處理戰後內部裂解、國際信用破產與體制合法性的挑戰，即使軍事獲勝，也將在歷史長河中留下自毀的印記。

　　這場模擬不是預言，也不是結論，而是一場公開的思想實驗。我們希望，透過將戰爭的真實樣貌公開陳列，讓社會、決策者與國際社群都有機會更深入理解戰爭代價與和平意志的可貴。畢竟，真正值得追求的勝利，不是摧毀對方，而是避免自己成為戰爭的複製者與犧牲者。

我們將最後的結語獻給讀者,也獻給此時此刻仍懷抱和平信念的每一位臺灣人與關注這片土地命運的世界公民:唯有透過理解戰爭,才能真正避免戰爭。唯有明白勝利可能意味著失去更多,才能在每一個決策點上,選擇最艱難但最值得的道路。

國家圖書館出版品預行編目資料

決戰邊緣：一場臺海戰爭的全景模擬 / 高允傑 著 . -- 第一版 . -- 臺北市：崧燁文化事業有限公司 , 2025.07
面；　公分
POD 版
ISBN 978-626-416-661-4(平裝)
1.CST: 兩岸關係 2.CST: 國際衝突 3.CST: 地緣戰略
573.09　　　　　　114009396

電子書購買

爽讀 APP

臉書

決戰邊緣：一場臺海戰爭的全景模擬

作　　者：高允傑
發 行 人：黃振庭
出 版 者：崧燁文化事業有限公司
發 行 者：崧燁文化事業有限公司
E - m a i l：sonbookservice@gmail.com
粉 絲 頁：https://www.facebook.com/sonbookss/
網　　址：https://sonbook.net/
地　　址：台北市中正區重慶南路一段 61 號 8 樓
8F., No.61, Sec. 1, Chongqing S. Rd., Zhongzheng Dist., Taipei City 100, Taiwan
電　　話：(02) 2370-3310　　　傳　　真：(02) 2388-1990
印　　刷：京峯數位服務有限公司
律師顧問：廣華律師事務所 張珮琦律師

-版權聲明-
本書作者使用 AI 協作，若有其他相關權利及授權需求請與本公司聯繫。
未經書面許可，不可複製、發行。

定　　價：375 元
發行日期：2025 年 07 月第一版
◎本書以 POD 印製